──潜在力を引き出し、エネルギーを生み出す──

宇城空手の極意「型」と気

宇城空手道　創心館館長

宇城憲治

はじめに

昭和46年、日本武道館での第2回全日本空手道選手権大会に最年少で個人、団体に出場し、その後、座波仁吉先生に直接指導を受け、競技空手に疑問を抱くようになり、武術空手の道への第一歩を踏み出すことになりました。

2024年現在75歳。

武術空手への気づきははるかに深く高くなり、打ち合う攻防の「対立の空手」から、先を取り、事の起こりを捉える攻防、さらには相手をゼロ化する「調和・融合を可能にする空手」に行き着きました。同時に競技空手時代の空手には、武術として最も重要な「理合」がなかった事に気づきました。まさにその「気づき」こそが対立の空手から調和の空手に導いてくれたのです。

この度2003年に刊行した『武術空手の極意・型』に大幅な加筆をし、また写真を全面的に入れ替え、新たに『宇城空手の極意「型」と気』を発刊するに至りました。本書では、「今なぜ武術としての空手が必要なのか」その意義と価値、そしてそれを実践するプロセスとメソッドを以下の三つの視点から詳細に述べています。

第一は歴史的視点です。「平和とは何か」「人間の幸福とは何か」を現在に問うた時、その回答が織田信長、豊臣秀吉の戦国時代を経て徳川家康が築いた260年以上の泰平の世、すなわち江戸時代にありました。

その土台となったのが上泉伊勢守信綱から柳生石舟斎へと受け継がれた無刀取りの活人剣の精神性とその術技です。すなわち「打って勝つは下の勝ちなり　勝って打つは中の勝ちなり

打たずして勝つは上の勝ちなり」という究極の「戦わずして勝つ」の境地にあります。

まさに無刀、すなわち「空手」です。

現在のスポーツ競技空手と違い、生と死から生まれた「守り生き抜く武術」としての無刀であり、その本質を極めれば、今に活かすことができる。その思いから、日々の修業の中で、私はその根源となる「気」の存在とその活用を見出すに至りました。

第二は、量子力学的視点です。現在の最先端科学である量子力学における目に見えない「量子」、すなわち粒子と波動が創り出すエネルギーの存在を、「気」が実証できること、さらにそのエネルギーを活用できることを数々の検証で確認し、「気」の存在について自信を得ました。まさに歴史的見地と最先端科学の融合です。

第三は、脳科学や哲学における視点です。私は「気」がこれらの世界とも融合できることに気づきました。人間の思考・行動において「意識領域、無意識領域、深層意識領域」という三つの領域があり、「気」はこの無意識領域と深層意識領域に働きかけていることが分かったのです。

「何かをやる」というのは意識領域の思考です。その意識はその前の無意識領域の支配下にあることが分かっています。すなわち武術で言えば、「先を取る」という極意は事の起こりを押さえるということですが、この「事の起こりを押さえる」は「何かをやろうとする」脳の思考を押さえる、つまり止めるということであり、まさに私はこの無意識領域への働きかけを気で展開しているわけです。

このことは宇城空手や道塾の塾生だけでな

く、国内外でも広く多くの人が体験しており、体験したすべての人が驚嘆していることからも、「気」の存在とその効用が明らかです。

私は長年にわたり今の常識や科学で捉えられないような多種多様なことを「気」が可能にすることを実証してきました。その事実から見えてきたことは、人間の潜在力とその発掘の可能性です。

人間の潜在力は本来教育やスポーツによって引き出されるはずのものです。しかし残念ながら、今の知識学習や決められた一定のルールの中で能力を競うスポーツのあり方では、引き出されるどころか、かえって蓋をされる真逆の状況になっています。その真逆から本来の正しい引き出し方へ変化するには大きな決断と勇気が要ります。今、そこに向かわない限り、今の延長線上の現状維持のままであり、まさに「現状維持は退歩」だということです。

現在私たちの多くは知識優先主義の教育環境に洗脳され、結果、頭脳優先の意識領域での思考、行動となっています。そのような状況下では、深層意識領域にある「潜在力」に気づくことはありません。あったとしてもスピリチュアル的です。そういう状況下で、本来人間に備わる「未知の能力」すなわち今は引き出せていないだけの潜在力を発掘することは、まさに大いなる未来の希望であり、進化と言えます。

すでに宇城空手では、その進化の成果が実践塾生に出始めています。とくに素直で純粋な幼児や子供に著しく表われています。

以上、本書ではそのような進化に向かうための「気の発動に至るプロセスとメソッド」を述べています。本文で詳しく述べますが、「型」

稽古においては「ニュートラル化」、技の攻防としての分解組手では「ゼロ化」の創出によって「先を取る」ためのアプローチ（手法）について述べています。

まさにこのアプローチは、昨今の「戦争」という人類の不幸に対し、調和・融合を可能にする「絆」と寄り添いのあり方を実証するものです。

このプロセスをとくに小さい時から踏むことができれば、必ず平和な世の中が築けると確信しています。そのような強い思いから世界平和のために、本書を発刊するに至りました。

本書はこの「気の存在と活用に至るプロセス」として、実践塾生はじめ、初心者、また武術に縁のない人にも大きな導きとヒントになると思っています。

それは知識で得る分析型部分体ではなく、常に全体という統一体としての気づきであるからです。すなわち「理合」です。生命体として、森羅万象、至極当然の事であると思っています。

希望ある未来は今にあります。今にない、すなわち今の常識や科学にはない未知の発掘を「今」実践すれば、未来は希望あるものになります。宇城空手の実践は、知識や理屈ではなく、すべてが「実証先にありき」という、実践体験によるプロセスとメソッドを土台にしています。

2024年5月16日
宇城 憲治

宇城空手の極意「型」と気　　　目　次

序 章

宇城空手の特徴

型の継承と創意工夫

　宇城空手は沖縄古伝空手の真髄を座波仁吉先生から継承しているものですが、その沖縄は今から約600年前、沖縄が三山（北山、中山、南山）に分かれて対立していた時代に、当時の尚氏王朝、尚巴志が国内を統一するため、すなわち護国のために武器撤廃の宣言をして平和の道を選び、今日に至ったという歴史があります。

　この歴史の中から武器を持たない護身術「手」が生まれました。これが空手のルーツです。人を大切にし、争わないという歴史の中に空手の心があります。現在、私たちが継承している空手においても、その沖縄の歴史と心をよく知った上で修業しないと本来の空手とは違うものになってしまうでしょう。

　宇城空手では歴史的遺産としての沖縄古伝空手の五つの型（サンチン、ナイファンチン、クーサンクー、パッサイ、セイサン）を継承しています。型はその時代背景にあって、生と死の実戦の中から生まれた極意の集大成とも言えるものですが、その古伝の型をどのように解釈し、どのように稽古するかによって型は意味を成し生きてきます。

　型が意味を成すとは、型から形にできた時です。型は不変であり術技の根源となるものですが、その不変の型から自分に合った術技を引き出し、自分のものにしたのが形です。

　すなわち、型は形になって初めて使え、意味を成し、生きてくるということです。

　この本では沖縄古伝空手座波直伝五つの型と、型から形へのプロセス、さらには使える空手として必要かつ重要な術理などについて述べ

ています。とくに型から形への具体的な手段としての分解組手は、型の中の技の意味を理解し、それを相手との攻防組手によって検証していくという重要な位置づけにあり、宇城空手の稽古の特徴とも言えるものです。

　空手は本来、突き、蹴りを特徴としていますが、宇城空手には、突き、蹴り、関節技に加え、相手を傷つけずに観念させる究極の極めとしての「投げ技」があります。

　初心の時は型に従って、外面の技による投げの稽古を行ない、次第に外面から内面による投げに進化させていきます。すなわち相手をゼロ化しての投げとなります。ゼロ化するからこそ、傷つけずに観念させることができるのです。

　そしてこの投げには大きな特徴があります。投げられた人は単に投げられたという負け意識を持つことはありません。それは「無力化からの投げ」によって気によるエネルギーがその人に注入されるので、投げられたにもかかわらず、投げられる前より強くなるからです。そのことは投げられた人の手や足を打ったら分かります。打ったほうに激痛が走るほど、投げられた人が強くなっているのです。それはまさに「活人拳」とも言えます。

　また私が長年修業してきた無双直伝英信流居合の真剣による型と術技が加えられていることも宇城空手の特筆すべき点です。その意義は空手と居合、すなわち「素手」と「武器」の心境と術を融合させたことにあります。さらに宇城空手の最大の特徴は何と言っても独自の「気」を確立させ、それを術技の根源としていることにあります。

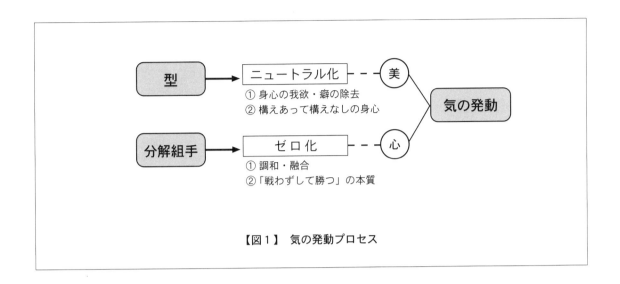

【図1】 気の発動プロセス

型は美しく、技は心で

「型は美しく」とは、型を作らないということです。したがって型は継承されたものをそのまま真似る、そして写すこと、「真似る」とは外形の一挙手一投足に気を配ること、「写す」とは内面のあり方を写すことであり、武術の挙動はこの内面によるところが大きいので、師匠の心を元に「事理一致」の稽古によって型から形を生み出すことが重要です。形すなわち技です。まさに「述べて作らず、古を好む」です。

型の美しさとは、身心の一挙手一投足において自然体であること。すなわちすべての事の起こりの起点として何事にも囚われない状態を「ニュートラル化」と位置付けています。

またニュートラル化している身心はあらゆる変化に対応できます。それを分解組手による技で検証します。組手は相手との攻防のことで、いかに対立の攻防を避け、調和・融合するかが大切です。まさにこれが、「技は心で」という「ゼロ化」です。心のあり方がゼロ化を可能にします。「心豊かなれば技冴ゆる」です。

気の発動

気の発動はすべての物、すべての事と調和・融合を可能にします。すなわちすべてにおいて境界がなくなり、一体となるということです。実際、自分の手の平と相手の手の平がくっついたり、壁やテーブルとくっつくなどが可能となりますが、これは今の常識や科学では捉えられないことです。そういう今にない未知のことを気の発動は可能にしてくれます。

武術において重要なことに「先を取る」がありますが、「先を取る」とは、すなわち事の起こりを押さえるということで、昔の剣聖の言葉にある、

「身体は内なる気に応じて動き、
　気は心の向かう所に応ずる」

の通り、身体は気によって自在になると同時に、身体動作すなわち術技においては気は心と連鎖しているということです。さらに、心は無意識領域の働きであり、第4章で詳しく述べますが、「先を取る」につながっているということです。

刀という真剣を用いた江戸時代の勝負のあり方として、三つの勝ちの教えがあります。

「打って勝つは　下の勝ちなり
　勝って打つは　中の勝ちなり
　打たずして勝つは　上の勝ちなり」

現在の競技武道の「始め、止め、判定」というコート上での勝負とはその意味するところが根本的に違います。宇城空手の究極はこの三つの勝ちの「上の勝ち」すなわち「戦わずして勝つ」にあります。

それは、戦国時代の殺す武器であった剣を、人を活かす剣にしているということです。戦国時代と違って武器を携帯していない今の平和な時代に、なぜ江戸時代の「戦わずして勝つ」の境地を求めるのか。それはまさに現在一国のリーダーによって戦争という大量殺人が行なわれているからです。

かつての江戸時代の無刀の域に達した剣豪・剣聖の「先を取る」実践哲学と術とは、まさに個の「小兵法」であり、リーダーである殿様はこの「小兵法」を庶民の幸せを築く「大兵法」としたからこそ、江戸時代は260年以上平和が続きました。そこに平和への指針が示されており、活人剣に学ぶことこそが武術の究極だと思っています。

そしてこの260年以上という平和な江戸時代を築いた無刀という「戦わずして勝つ」を体現した剣の理念は、素手の空手に通じるものであります。

人間の潜在力を引き出す

「稽古照今」——古を稽え、今に照らす——すなわち、歴史に学び、それを現在に活かすということ。無から有を成した宇宙誕生の神秘で考えるなら、生命の誕生は38億年前にその端を発しているということです。

私たちは母体での10ヵ月を経て、37兆個の細胞で構成される個として誕生し、その細胞の中のDNAにすべての歴史を凝縮して持っています。

すなわち宇宙の真理を知っている個である自分の身体に、その答えと教えが詰まっているということです。

人間は5%の顕在意識と95%の潜在意識で成り立っていると言われています。顕在意識とは頭で考え作り出す意識、知識、行動です。

一方潜在意識とは無意識領域にあり、ここに人間の究極の本質はあり、その発掘こそが「稽古照今」だと言えます。

「進歩成長とは　変化すること
　変化するとは　深さを知ること
　深さを知るとは　謙虚になること」

とは自論ですが、このプロセスを歩むことで、今以上の自分、現状からの脱却が可能となります。すなわち、人間の潜在力を引き出し、それを今に活かし、希望ある未来へのエネルギーをパワーアップするということです。このことこそが宇城空手の理念であります。本書はそのプロセスとメソッドを示したものです。

第1章

宇城空手の知と実践

型とは何か

型はどのように形成されたか

　斬り合いの実戦で自分を守り生き残った侍が、その実戦の中から生き残る勝ちを見出し、それが常勝の域に達することでその人自身の「形」ができあがりました。その「術技」＝「形」から弟子たちへの教えのために法則化され普遍化されて「型」が生まれました。その型が今に継承され、今にあってその本質を見出し、それを再現することによって「戦わずして勝つ」の境地が見え、その事は今に生きてきます。今、起きている悲惨な大量殺人、破壊の戦争も元は一人のリーダーによって起きているわけで、まさにリーダーこそが学ぶべき実践術だと言えます。

　しかし継承にあっては自分勝手な解釈をして型の探究を怠れば、その型は本質とは似て非なるものとなりかねません。現在のように武道が

スポーツ化、競技化し、本来の武術とは似て非なるものになっていることは、すでに江戸、明治時代の剣聖・山岡鉄舟なども警告している通りです。

　三つの勝ちのステップにおける「上の勝ち」を極めるには、その「上の勝ち」を実現可能にする具体的な個の術技はもちろんのこと、それを成し得る「心法」が大変重要だったはずです。すなわち心法なしには究極の術技は存在しないということです。その稽古法が「事理一致」のあり方です。それも含めて、達人という個人によって完成された技としての「形」が法則化され、すなわち流儀の「型」になって弟子に受け継がれていったと考えています。

　さらにこうして継承された「型」を現在にあって再現するには、逆をたどって今度はそれを個の術技として「形」にしていく必要があります。まさに「稽古照今」のあり方です。

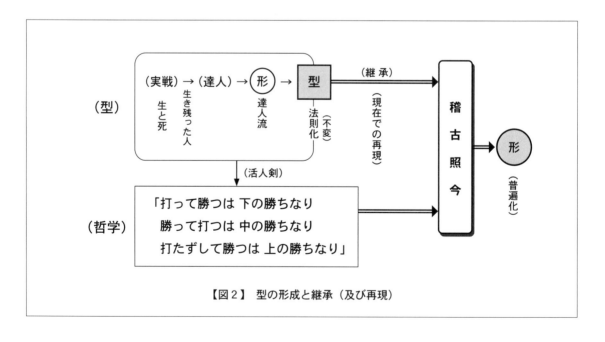

【図2】 型の形成と継承（及び再現）

「型」の本質

　私はこの「打たずして勝つ」すなわち「戦わずして勝つ」に向かう技を実現する過程において、型を継承するだけでは型の本質は分からないこと、さらにそこに非常に高い次元が存在していることに気づきました。それは「型」の中に意識を消すための本質、すなわち「ニュートラル化」と「ゼロ化」（自論）があるということです。

　「ニュートラル化」は潜在力を発揮するために必要で、無意識領域での働きを引き出すものです。それは宇宙からのメッセージに溶け込むということであり、すなわち調和・融合です。融合とは境界がないということです。

　相手に対しての「ゼロ化」は相手の無力化であり、自分に対しての「ゼロ化」は、自分の自在を可能にするものです。相手へのゼロ化とは、押さずに押すや、触れるだけで倒すなど、言葉で表現すると矛盾に思えるような内容です。またゼロ化は貫通力など、いろいろな技において桁違いな威力を発揮します。まさにその根源を型に見出すことができます。それを基準にして他の様々な型を見ると、見た目は同じようでも全く異なっていることが分かります。

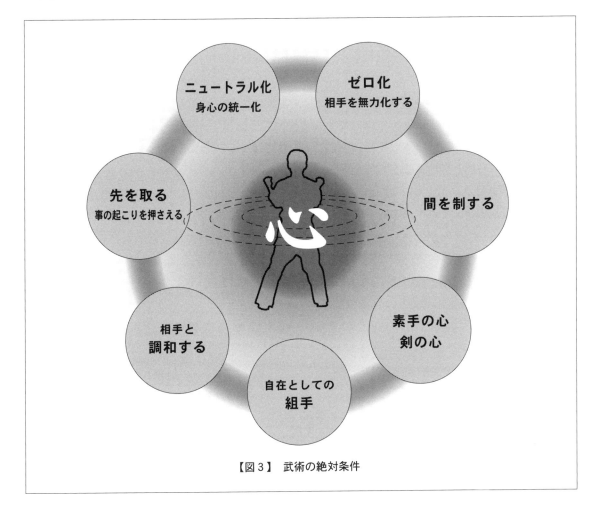

【図3】　武術の絶対条件

型から形へ

型はまず外見を真似ることから始めます。型が整ったら次に重要なのは型を生きた術技にするための内面のあり方です。「形」化には古来からある「事理一致」の稽古が重要です。「事」とは事実、所作、技のことで、「理」とは理合、心の働きのことです。この「事理一致」によって外形の型は生きた形となっていきます。

この心の働きは個によって異なるので、まさしく本人にしか自得できないものであり、だからこそ「形化」ということです。

この自得の「形化」は、「述べて作らず古を好む」（山岡鉄舟）の通り、あくまでも不変としての「型」の継承の上にあることは言うまでもありません。

形化して初めて型の本質が見えてくる

指導における重要性は、「使える形」を通して型の本質を自ら示していくことです。

型の段階で組手でのゼロ化につながるニュートラル化を練り上げ、それを基本分解組手で検証していく、そしてそれが自在に使えるかを検証するのが応用組手です。その技こそが、形化です。型を構成するそれぞれの技がゼロ化されて初めて、型の本質が見え、その自在の動き、すなわち自由組手でのゼロ化の実現ができます。

まさに対立・衝突の打ち合い組手から、調和・融合の流れるような組手です。

この修得によって、自己の身体も心も解放されます。この到達点は永遠です。「これでいい」ということはありません。まさに一生修業ということになります。

型は身体と心の癖を直す

型は繰り返せば繰り返すほど、多くのことを教えてくれます。そして型を通して不思議にも身体及び心との会話ができるようになっていきます。

試合や審査に向けて型を稽古した若い頃は、いかに上手くできるかの外面にこだわり、内面との会話などは全くありませんでした。

しかし型を通して内面との会話ができるようになると、見せる型ではなく、自分を変化・成長させてくれる型稽古の重要性に気づくことができるようになりました。

究極、そういう内面と向き合う型の稽古によって、癖のない、自然体の動作、すなわち「ニュートラル化」を練り上げ、相手と衝突・対立しない「ゼロ化」を習得することができます。

つまり、ニュートラル化もゼロ化も、求めるのではなく、自然と培われていくということです。身体と心の癖をなくすニュートラル化によって、ゼロ化のような技が創出されてくるということです。

身体や心というのは皆一人ひとり違うので、まさに自得の世界になります。そういう意味で、型はまさに最高の指導者だと言えます。

少ない型から多くの技を生み出す

宇城空手の型は、座波仁吉先生が沖縄古伝空手として特徴あるものを首里手、那覇手から選択され、それを座波心道流空手として継承してきたもので、サンチン（三戦）、ナイファンチン（内歩進）、クーサンクー（公相君）、パッサイ（抜塞）、セイサン（十三）があります。さ

らに居合を加えたものが宇城空手です。

これら五つの型を真に活かすための重要なプロセスが、型を構成する一連の技からそれぞれの技を取り出し組手という形で検証する分解組手です。

分解組手は基本分解組手、変化分解組手、応用分解組手に分けられます。

第一段階としての基本分解組手は、型を構成する一連の、あるいは単体としての技を相手との攻防において型通りに使って行ないます。

第二段階としての変化分解組手及び応用分解組手では、型で練った「先を取る」という内外一致の技が重要です。

宇城空手で型を五つに限定しているのは、座波空手の教えの通り、**多くの型を覚えることより、少ない型からいかに多くの技を生み出すか、すなわち一つの技からいかに多くの応用技を身につけるか**を重視しているからです。

たとえば五つの型の中でもっともシンプルなナイファンチンの型は、16 ブロックの技で構成されていますが、この 16 ブロックの分解組手から 60 くらいの技が創出されます。これが型を真に活かすことの本質です。

型は常に戻ることができるところです。迷ったら、行き詰まったら、型に戻ればよいのです。戻ることによって、そこにヒントが掴め、また走り出すことができます。

型から形へのプロセスでは、型に内在している術技を自分の工夫努力で引き出し、自分のものにしなければなりません。自分のものにして初めて使え、活かせるからです。その具体的な手段が「分解組手」ということになります。

そしてこの武術空手における「知」は、「創（つくる）」を成して、すなわち実践を伴って初めて真の知となります。言葉として理解できて

も、実践が伴わなければ武術の知はあり得ません。言葉としての知は知識や今にあるものからの「作（つくる）」だからです。「創」は不変の型を源泉として新しく創り出されるもので、普遍の「形」としてその人独自のものです。

調和・融合の空手

伝統の型には武術性があります。武術性の型とは、生か死かを意味する真剣さと、それを裏付ける術技が内在しているということです。勝敗を競うのではなく、自分を守るために相手を倒すという術技、そして究極としての戦わずして勝つという真の術技・心が内包されているわけです。すなわち衝突の武術ではなく相手との調和・融合の武術です。これはいつの時代でも活かすことができます。

私たちはあまりに相対的世界に浸かりすぎており、必要以上に競争の中でナンバーワンを目指そうとしています。そこでは真に使える術技の創出は望めません。

真の術技・心を型から引き出し身につけるためには、勝敗を競う相対的世界から、調和・融合としての絶対的世界に身をおいて稽古する必要があります。

絶対的世界の中で競争原理を乗り越えて自己との戦いの中にあるオンリーワンを目指すことにより、真の術技は創出されていきます。

真に使える技術とは無意識化されたものでなければなりません。相対の世界では意識が先行し、頭脳による記憶になり、技術の無意識化ができません。しかし絶対世界においては、身体脳*に記憶されることによって技術の無意識化が可能となります。このように伝統の型から形へのプロセスが、オンリーワンへのステップを踏

むことになるのです。

武器を持たない道を国として選んだ沖縄の歴史と心、また江戸時代の剣術における「戦わずして勝つ」。つまり戦って勝つのではなく、戦わずして勝つという平和を選んだということです。すなわち相対的世界ではなく、絶対的世界を選んだということです。そこには攻撃ではなく防御、つまり自分を守る、家族を守る、国を守るための高い次元の思想があります。沖縄の首里城・守礼門に掲げてある「守禮之邦」がそれを象徴しています。空手の本質はここにあるのです。

武術空手の「知」は高次元の指針であり、「実践」は知に基づく具体的な行動です。武術空手の「知と実践」によって無から有が生じ、そこに変化・進歩・成長が始まります。

山は高くなるほど裾野が広がります。武術空手の知と実践は、まず自分自身が高い山を目指して足を踏み出すということです。そのことによって裾野は広がり、その広がりから融合が始まるのです。この実践こそ自分が変われば周りも変わるという「一人革命」であると位置づけています。

＊身体脳　身体運動の命令源及び記憶を頭脳ではなく身体とし、身体の最大効率の動作を引き出す根源。筆者創案の用語。

武術の「実践」

相手との攻防において、相手の攻撃を目で見てから反応したのでは遅く、相手の攻撃をくらうことになります。相手を制するためには、相手の攻撃の"事の起こり"を捉える目ができていなければなりません。

肉眼の目で捉えるのは「見る」であり、武術空手における目は「観る」、すなわち心眼でなければなりません。この「観る」によって、相手の"事の起こり"を捉えることができます。まさに五輪書（宮本武蔵）に見る「観の目つよく、見の目よわく」にあります。

「見る」は具体的なこととして言葉を通して理解できますが、「観る」は抽象的であり、知識で理解できるものではありません。実践を伴って初めて理解できる言葉です。すなわち武術的勝ちの絶対条件「先を取る」という教え（＝知）、そして相手の事の起こりを感知し、相手を制するという技（＝実践）、この「知と実践」によって「観る」が可能となり、同時に「観る」目が創出されてくるわけです。

また、相手との攻防において相手の力に対して力で対抗すれば、力の強い者が勝ち、力の弱い者が負けるのは分かりきったことです。しかし、武術空手の「知と実践」により創出される「ゼロの力」の術技は、相手を無力化することができ、そこには力対力の概念は必要ありません。

このように武術空手の「知と実践」によるあらゆる術技の創出によって、すなわち力対力ではない、調和・融合の術技によって自分に自信がつき信念が持てるようになります。自信・信念があるからこそ他尊、人を尊ぶことができる。座波仁吉先生の教え「他尊自信」はこのことを諭しています。武術の究極「戦わずして勝つ」の境地に至るには、術技と心の一致があってこそできると言えます。まさに古伝剣術の教えにある「事理一致」の稽古です。

武術の勝敗

武術の勝敗における負けは死を意味します。それだけに、勝つこと以上に自分を守ることが絶対となります。それには防御からの攻撃、つ

まり攻防一如が重要になってきます。

剣術に「三つの先」という教えがあります。「先の先」「対の先」「後の先」です。いかなる場合でも「先」を取ることの重要性を教えています。

「先」というのは自分から先にしかけるということではなく、自分の気で相手の無意識領域の事の起こりにもしくは相手の気に働きかけることで、相手の気を読み相手の気を吸収しその起こりを制して、すなわち先を取ることによって勝ちを得るということです。

そのためには居付かない術技を身につけていかねばなりません。居付かない術技を身につけるには居付かない心が必要です。居付かない心の修得には、衝突のある相対的な世界ではなく絶対的世界に身をおいて、力に頼らない、相手との調和・融合に向かう稽古をする必要があります。それが"武術"としての稽古と言えます。

武術の上達

武術の術技は非可逆ステップアップ的な上達でなければなりません。それは自転車に乗れるようになることと似ています。自転車は一度乗れると一生乗れます。このように一度できるようになったら、二度と元に戻らないことを非可逆ステップアップと言います。武術の術技もまさにそのようなものでなければなりません。

武術の術技を身につけ使えるようになるためには、各段階における術技の非可逆ステップアップがなければなりません。そのことは、意識して覚えた術技が無意識化されることを意味します。

そのためには、武術空手としての体系化された「知と実践」のプログラムが必要です。そして、身体を統一体として捉え、手、足、体の働

きは常に全体に連携しているという認識が必要です。

まず、全体ありきです。ここに伝統の型の価値と重みがあります。伝統の型は、身体及び身体動作を常に統一体として捉え、安易に部分化に走るのを防いでくれます。部分の追究・分析はやりやすいですが、それでは無限の組み合わせとなり、統合した全体を創り上げることはできません。

宇城空手の「知と実践」のシステムは、まさに全体の重要さ、すなわち統一体としての捉え方を念頭におくもので、サンチン（三戦）、ナイファンチン（内歩進）、クーサンクー（公相君）、パッサイ（抜塞）、セイサン（十三）の五つの型と剣術の型を原点とした実践プログラムとなっています。そしてこのプログラムの実践によって、非可逆ステップアップを伴った武術としての上達が可能となります。

武術の奥伝と奥義

「奥伝とは奥義を師匠から伝授されること」（『日本国語大辞典』より）とあります。奥伝とは実践を通して、一触を通して学ぶものです。

奥義は次元の高い知で、最終的には自分が悟り、自分で体得するしかないというものです。

武術における「知と実践」とは「知」と「実践」という二つのことではなく、二つで一つということです。

まず知があり、そしてその知に基づく実践があり、その知と実践の実行によって非可逆ステップアップが可能となる。その時点で初めて武術としての術技が創出されます。その延長線上の高いところに奥義と言われる高度な術技も存在するわけです。

古来から、型を見るとその人がどのくらい使えるかが分かったと言います。かつて型を秘密裏にやっていた時代がありましたが、型はそれだけ重要だったのです。それは、型が極意の集積であることからすれば当然のことと思います。

その文化遺産としての「型」を真剣に稽古し、自分のものにしてこそ、次世代に真の型として伝承していくことが可能になると考えます。

宇城空手の稽古システム

宇城空手の稽古システムの概要を【図4】に示します。このシステムに従って稽古していきます。まず空手の基本中の基本を覚え、次に古伝の五つの型を覚え、さらに型を構成している技をブロック単位、あるいは単体技として、それぞれ基本分解組手、変化分解組手、応用分解組手のステップを踏んで稽古していきます。

とくに宇城空手では、この分解組手に特徴があり、また重要視しています。それは、分解組手を通して、型の理合、間合い、事理一致などの高い術技、術理の修得及び諸術技の検証が可能だからです。

すべてのエキスは伝統の型にあります。伝統の型の前にあっては個の存在や考えは微々たるものです。伝統の型の持つ無限の可能性を少しでも効率よく引き出して自分の中で活かし、自分の形として発信していくことが必要だと考えます。その最良のものとして宇城空手では型を原点とした「知と実践」のシステムが用意されています。

宇城空手で重視している型からの形化は、古伝の不変の型から各々が自分の力の取りやすい技を創り出すということです。それには型の中に隠れている技を自分で探し出さなければなりません。そこで初めて普遍の形が創出されるわけです。

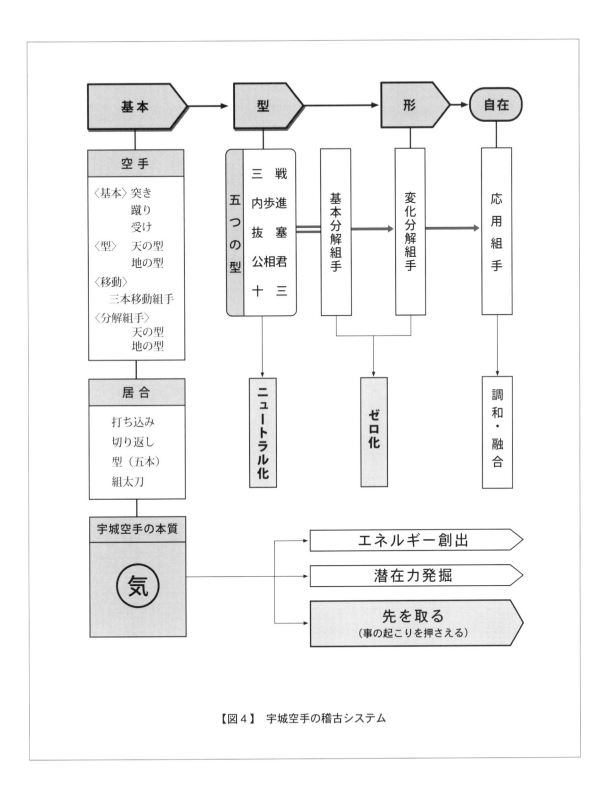

【図4】 宇城空手の稽古システム

宇城空手の基本稽古

　基本の型を写真で示していきます。これらが技として使えるためには、内面が重要であるのは言うまでもありません。しかし、内面は目に見えませんので、「一触」を通して身につけていくしかありません。

　基本は繰り返しという量が先に立つものの、間違ったことを何回やっても意味がありません。宇城空手ではすべての基本のどの動作一つとっても、相手をゼロ化することが求められます。基本から武術の根源であるゼロ化につながる身体を練っていきます。そのためには、間違ったことはむしろ逆効果になるので、基本といえども型にしっかりはめて稽古する必要があります。

　宇城空手ではさらに稽古の心構えとして、第一に「目」、第二に「姿勢」、第三に「瞬発力」を重視しています。

基本・天地の型・組手演武（2001年）

榎本麻子（当時26歳）

宇城拓治（当時20歳）

基　本

突き

蹴り

23

腕受け

上げ受け

内払い

下段払い

手刀受け

天の型

はじめ   おわり

 - - - →

自然体   自然体

順突き

逆突き

腕受け逆突き

上げ受け逆突き

内払い逆突き

下段払い逆突き

手刀受け逆突き ▷

地の型

はじめ　　　　　　　　　　　　　　　　おわり

自然体　　　　　　　　　　　　　　　　自然体

腕受け蹴り

上げ受け蹴り

内払い蹴り

下段払い蹴り

手刀受け蹴り

三本移動

① 突き （戻り）腕受け

構え　　　　　　　右順突き　　　　　　左順突き　　　　　　右順突き

左腕受け　　　　　右腕受け　　　　　　左腕受け　　　　　　反撃

② 蹴り・突き （戻り）上げ受け

構え　　　　　　　右蹴り　　　　　　　右突き　　　　　　　左蹴り

左突き　　　　　　右蹴り　　　　　　　右突き　　　　　　　左上げ受け

右上げ受け　　　　左上げ受け　　　　反撃

③ 蹴り・連続突き　（戻り）下段払い

構え　　　　右蹴り　　　　右突き　　　　左突き

左蹴り　　　　右突き　　　　左突き　　　　右蹴り

右突き　　　　左突き　　　　左下段払い　　　　右下段払い

左下段払い　　　　反撃

三本移動組手

はじめ　　　　　構え　　　　　左腕受け　　←右順突き　右腕受け　　←左順突き

左腕受け　　←右順突き　右順突き→　　左腕受け　左順突き→　　右腕受け　右順突き→　　左腕受け

右順突き　　右逆突き　　おわり

※上げ受け、内払い、下段払い、手刀受け、追突・追突でも同様に繰り返す。

〈分解組手〉 天の型

はじめ   おわり

自然体   構え   残心   自然体

腕受け逆突き

腕受け（内）→ 突き

腕受け（外）→ 突き

上げ受け（内）→ 突き

上げ受け（外）→ 突き

内払い（内）→ 突き

内払い（外）→ 突き

下段払い逆突き

下段払い（内）→ 突き

下段払い（外）→ 突き

手刀受け逆突き

手刀受け（内）→ 突き

手刀受け（外）→ 突き

〈分解組手〉地の型

はじめ

自然体　　　　　　　　構え

おわり

残心　　　　　　　　自然体

腕受け蹴り

腕受け（内）→ 蹴り

腕受け（外）→ 蹴り

上げ受け蹴り

上げ受け（内）→ 蹴り

上げ受け（外）→ 蹴り

内払い蹴り

内払い（内）→ 蹴り

内払い（外）→ 蹴り

下段払い蹴り

下段払い（内）→ 蹴り

下段払い（外）→ 蹴り

手刀受け蹴り

手刀受け（内）→ 蹴り

手刀受け（外）→ 蹴り

宇城空手の受け身

　通常武道の受け身は、投げられた際に腕全体で床を叩くなどして、身体が受ける衝撃を軽減する動作を行ないますが、宇城空手では、私が独自に考案した、受ける時に上足底を床につけるという方法で行なっています。

　この方法では、床が畳ではなく、石畳であっても、安全に身を守ることができます。

　そのことは、上足底で受けた場合と、そうでない場合の受け身の際、受け身をした人の身体に乗ることで明白になります。つまり、上足底で受けた場合は、上から人に乗られてもまったく痛くなく、それどころか、そのまま手や足を掴まれても、掴んだ人を投げることができるのです。それほどに身体に気が通り、身体が強くなっているということが分かります。

　一方、腕全体で床を叩いての受け身は「気」が消えるので注意が必要です。

① ② ③ ④

基本の受けのゼロ化

　宇城空手の基本（五つの受け、天の型、地の型）のどの動作においても相手を瞬時にゼロ化して制することが不可欠です。以下は、五つの受けの中から、腕受け、上げ受け、内払い、手刀受けで、ゼロ化している様子です。

腕受け（無力化）

上げ受け（無力化）

ゼロ化や威力は１対１からスタートし、１対２、１対３、１対多数と進めることによって、そのレベルが分かります。宇城空手の稽古のあり方、検証のあり方の特徴でもあります。

内払い（無力化）

手刀受け（無力化）

突きの威力　その（１）

以下は突きの威力とそのあり方を示すものです。
突きにもステップがあり、レベルごとに示しています。

レベル①
─ 突き ─

複数の連なった列に突きを入れる
　→ 突きが貫通して、全体が後ろに崩れる

レベル②
─ 鉄の上から突く ─

複数の連なった列の先頭の人が鉄製のメリケンサックを
胸に付ける
　→ 突く（普通だと激痛が走る）
　→ 突きが貫通して列全体が後ろに
　　崩れる

レベル③の突きは、第三者の手を怪我させてしまうので、事前の稽古ができません。しかし経験しないのに「できる」という何かが内から出てくるので、可能となります。宇城空手の特徴の一つです。

レベル ③
― 鉄に置いた手を突く（守る）―

第三者が鉄製のメリケンサックの上に平手を置く
　→ そこに突きを入れる
　　（普通だと平手を入れた人に激
　　痛が走り、骨が折れたりする）
　→ 手を入れた人には痛みもなく、
　　列は後ろに崩れる

レベル ④
― 気の突き（触れずに崩す）―

突きを相手に当てずに突く
　→ 列全体が後ろに崩れる

突きの威力　その（２）

　気の段階の攻撃（突きや肘当てなど）はまさにエネルギーで、ベクトルがないので方向に関係なく伝わっていきます。したがって焦点を当てたところにその威力が伝わっていきます。これも宇城空手の特徴です。

狙ったところに焦点を当てる

① 一番後ろの人に焦点を当てる

② 飛ばされる

① 一番後ろの人が飛ばされないように２人が逆方向に引っ張る

② それでも肘当てを入れると……

③ 飛ばされる

エネルギーの突き

エネルギーの突きには方向性（ベクトル）がない。

〈２列を組み合わせる〉

①

②

① 列①の先頭に肘当てを入れる
② 列②が崩れる

〈３列を組み合わせる〉

③

④

③ 列①の先頭に肘当てを入れる
④ 列③が崩れる

第2章

宇城空手の原点「型」
―― 身心をニュートラル化する ――

型演武

サンチン、セイサン　宇城憲治 館長

ナイファンチン、クーサンクー、パッサイ　榎本麻子 師範

解説：創心館総本部

型とは

型を学ぶ姿勢

　型は誰がやっても同一でなければならない不変のものですが、それを修得することによって個々独自の術技を創出することができます。すなわち型からの形化です。

　つまり初めに型ありき、そして分解組手、変化応用組手のフィードバックシステムを通して、その人にとっての形を創出していくのです。このように型から形になって初めて型の中の術技は生きてきます。また形化された時、型からの解放が起こります。

　審査会などで演武している人の型を見ていると、誰の弟子か一目瞭然です。子供の場合はとくにそれが顕著です。子供は素直であり、師の型が映りやすいのです。師の正しい型が映っている子供は「型」から「形」への移行が早いと言えます。それは、正しい型を身につけることによって空手の基本がしっかり身につき、応用が効くようになるということです。また型の稽古の重要性は身心一致としての心を鍛えていくことにあります。

　一方、大人の場合はなかなか師の「型」が映りません。それは、今までの経験、知識というフィルターによって身体の素直さが失われ、そのことが上達の邪魔をするからです。その結果、「型」から「形」「術」への移行に時間がかかります。したがって、身体の素直さを創ること、そして高次元化していくためのフィードバックシステムを身につけることが重要であると言えます。すなわち経験、知識というフィルターを捨て、素直に師の教えを身体を通して学ぶこと

が上達の近道になるということです。

型の修得によって得られる認識

　型を稽古していくと、身体を通していろいろな変化、認識ができてきます。この認識は決して知識で得られるものではありません。不変の「型」の実践によってできあがる個々独自の認識こそ「型」から使える術技としての「形」「術」への絶対条件なのです。

① 連動という認識

　型の稽古を通し連動という認識ができてきます。沖縄空手の教えに「夫婦手」があります。それは左手は右手を、右手は左手を夫婦のごとく助け合って使うというものですが、これはまさに連動そのものです。ただ単に左右両手が助け合うのではなく、型を通して身体の内面で認識された連動になっていることが大切です。そうでなければ真の夫婦手とは言えません。ある一部分で対処するのではなく、部分と全体が連動して対処していくというものです。

② 柔らかい力の認識

　パワー的な力（測定器で測れるような、あるいは重い物を持ち上げるというような力）と、柔の力はまったく異なるという認識が必要です。

　たとえば、ぶつかる力を相手の力の方向に対し180度変化させると、相手の力をそのまま逆に利用することになります。このように相手の力の方向に対し、その角度を自由に変え、かつ連動の動きの中で処理することにより、生まれる力は一つの柔の力となります。

　もう一つ重要な柔の力に、自己の中に発生す

るエネルギーによって相手をゼロ化する力(第4章参照)があります。これは方向性を持たないので、相手はその力を感じません。これは「術」には絶対必要条件です。またこのエネルギーは距離を必要としない力・瞬発力の根源でもあります。

③ 正しい姿勢と瞬発力

武術としての正しい姿勢を身につけることは、パワーに頼らない術技を創り出す源となります。したがって型の中で正しい姿勢とは何かを認識すると同時に、その姿勢を身につける必要があります。

また正しい姿勢は瞬発力を生みます。スピードの動きというのは方向が分かるので、スピードをいくら速くしてもその動きは目で捉えることができます。しかし、瞬発力の動きは方向がないので、目で捉えることができません。またその内面は渦の力を伴うので破壊力も大きくなります。

④ 次元を高める稽古

たとえば後ろから羽交い締めにきた相手を簡単にはずすには、剛の中に柔を作ることが必要です。すなわち外面は剛で内面を柔にします。このような認識は一触するとよく分かります。外部は剛で内部は柔になっているので、相手はいくら締めようと思っても締めることができません。結果、簡単にはずされるわけです。締めた時はすでにはずされていると言ったほうが適切かもしれません。すなわち、締めた相手がゼロ化されているということです。

以上のような技は「型」の稽古を通してできるようになります。技は最終的には無意識化された動きにまで高めることが必要です。そ

れには繰り返しによって身体脳を開発していくフィードバックシステムが有効です。

身体というセンサーを通して得た情報を認識し、かつそれを無意識化するためには、脳が超ハイスピードになる必要があります。超ハイスピードとなった脳はその処理能力もさらに大きくなり、それに伴ってセンサーも高感度になり、さらに情報処理能力は高くなります。結果、高度な対応が可能になってくるわけです。

このように研ぎ澄まされた身体を通して、相手に触れた瞬間、その力を読み取りかつ相手の力をゼロにするというようなことが可能になっていくわけです。

そのためには、「型」から「形」「術」への体系化された稽古フィードバックシステムを通して次元を高めていくことが必要です。

⑤ 型の継承

現在継承されている型の多くはすでに形骸化されている状況であり、不変の型からの形化が望めないのは残念です。

「空手を知って、型を知らない」とは座波仁吉先生がよく言われた言葉ですが、継承された型と形がなければ、武術とは言えないということです。

宇城空手では沖縄古来から継承されている古伝の五つの型を稽古しています。

サンチン(三戦)
ナイファンチン(内歩進)
クーサンクー(公相君)
パッサイ(抜塞)
セイサン(十三)

型はこのほかにも多々ありますが、型を五つ

に絞っているのは、第1章でも述べたように、型を多く学ぶことより少ない型からいかに多くの変化応用ができるかを身につけることを重視しているからです。型を原点とし、最終的には型から解放されて自由になった時、真に使える技が生まれ、自分の「形」となります。要するに型は実戦に使えて初めて真の型となるということです。それは実戦において必要とされる、無限の変化応用という広がりの中で自分の形を求めながら、一方で収束としての不変の型を極めていくということでもあります。

第1段階　外形を作る
—— 型の修得と「ニュートラル化」——

型の意義を検証するために分解組手があります。分解組手は基本、変化、応用と三つの段階があり、課題があればフィードバックして型に戻します。また変化が起きた時、すなわちできなかったものができるようになった時もフィードバックします。その気づきを型に戻すことによって型の意味がさらに分かるようになります。さらにそこからヒント・気づきが得られ、それがまた分解組手や組手に活かされていきます。これが型を修得するためのフィードバックシステムです。

型の修得については三つの段階があります。一つ目は型を通して"正しい外形を作る"。二つ目は"内形を作る"。内形は分解組手を通して作ります。三つ目は"外形・内形の合一をはかる"です。

この外形・内形の合一が、型によるニュートラル化です。ニュートラルとは、何事にも居付かない身心をつくること、そして身心を通して進化していくことです。型稽古を繰り返してい

くなかで、師の教えとずれがないかの確認を型稽古で行ないます。

第1段階の外形を作る上でのポイントは、統一体になるということですが、分かりやすく言えばまず外形として、第1に"左右のバランス"、第2に"上下のバランス"、そして第3に"前後のバランス"です（56頁参照）。

上下のバランスというのは上半身と下半身のつながりです。初心のうちは上半身にばかりに力が入って下半身が上半身についていっていない場合がよくあります。まただんだん前のめりになってへっぴり腰になったりします。これは横から見ると前後のバランスとも関係してきます。それらを直します。

初心者のうちは型をするにしても力に頼りがちになり、力に型が引っ張られてバランスが崩れます。そうなると武術に必要な究極の瞬発力、貫通する力、吸収する力などの技が創出されません。そうした技の創出には筋力による力からの脱却は絶対条件と言えます。この力からの切り換えがなかなか難しいわけですが、型によって力を引っ込め、技を出すように稽古指導していきます。

型の構成はすべて前述の「夫婦手」になっています。型の究極は、一挙手一投足が「ニュートラル化」されることにあります。それが、次のステップ「ゼロ化」につながるからです。

第2段階　内形を作る
—— 分解組手による「ゼロ化」——

第2段階では、相手との分解組手によって内形を作ります。

外形は目で見ることができますが、内形は目で見ることはできません。そこで二人で行なう

約束組手の分解組手を通して内形を作っていく方法をとります。それは実際に分解組手で相手と手合わせをすることによって、相手の内面をその接触点を通して感じることができるからです。また触れることによって、"技がかかるか、かからないか"が内面を通してはっきりしてきます。つまり型が使えるか否かの白黒がはっきりします。できなかったら「なぜできなかったか」を追究して、それを型に戻して練り直します。その分解組手と型のフィードバックの繰り返しによって、型に内面ができあがっていくのです。

分解組手は攻撃する技をあらかじめ決めて、その上で相手を一発で倒すような真剣な攻撃をします。そうした真剣な攻撃に対して、型の中の技を使って、スピードへの対応力、力に対する対応力、変化に対する対応力を身につけるよう稽古します。

型からの技はあらゆる方法で相手の攻撃に対して入り込むようになっていますが、初心のうちは怖いので入り込むことがなかなかできません。しかし型が正確にできるようになると相手の攻撃に対して前に出ることができるようになり、技がかかるようになります。その時点で怖さはなくなります。

型が正確にできているか否かの検証が分解組手であり、できているということは分解組手で使えるということです。ただし注意が必要です。それは、"技がかかるように"自分の解釈で型を変えてはダメだということです。たとえば相手が突いてきたとします。それを型にはない、上体を反らして防御するようなことをしてはいけないということです。上体を反らすことによって、とりあえず相手の攻撃を避けることはできますが、その時避けられてもその後がある

わけで、それは真の防御になりません。型はそういうところが非常によくできています。型からの技が出るように稽古することが重要です。

また投げの稽古においては、相手が投げられまいとして、かわそうとすることがあります。これは投げる側の技が未熟だからです。ちなみに宇城空手では投げられる側に投げられない方法も教えますが、それでもかかるのが真の技と言えます。

攻撃側は常に真剣にやることが重要です。真剣にやるからこそ受ける側も真剣になり、否応なしに対処できるようになります。それが技の自信になり、どんな相手でも受けられるという自信につながっていきます。また相手の攻撃を下がって受けるのではなく、相手の中に入り込んでの受けこそ真の防御であり、真の勝ちを得ることができます。それが型からの技と言えます。

第3段階　外形・内形の合一をはかる

競技組手をやっている人には、空手の型など組手試合には何の役にも立たないと思っている人が多いですが、それは真の意味で型を理解していないからです。型というのは、型そのものが組手に使えるということではありません。型を組手に活かすためには、型の中の技を引き出すことが必要です。それが型からの形化ということですが、その形の変化応用が組手になるわけです。それを身につけるということです。

組手で型を自在に使えるためには型から自分の形を創り上げると同時に外形・内形の合一が必要となります。外形がいくらできても、また内形がいくらできても、その統合ができていなければ"術技"にはなり得ません。それが第3

段階の外形・内形の合一ということです。

　外形・内形の合一の検証方法として、応用組手は有効な手段となります。ここではさらに究極の防御を学ぶことができます。究極の防御とは相手との調和・融合であり、それは相手をゼロ化するということです。ここに古伝の型の本質があると言えます（第4段階　58頁参照）。

　型は、外形を作る、分解組手を通して内形を作る、最後に応用組手を通して外形・内形の合一をはかるという三つの過程を経て真の型となり、自分の型として完成されていくと言えます。そして型の完成は、同時に自分の形ができあがることでもあります。

「型」から「形」「術」へのシステム

　型から形・術への修得システムを示したのが【図5】です。

　「型」は技の集合体であり、一連の挙動として行ないます。その一連の挙動を構成しているそれぞれの技を取り出しての攻防が「分解組手」です。分解組手は基本分解組手、変化分解組手、応用分解組手に分けられます。さらに基本分解、変化分解は表分解と裏分解に分けられます。基本的に裏分解は、表分解の修得度合いの検証になると同時に表分解の防御でもあります。

　基本分解組手では、型の挙動の意味を組手を通して理解するとともに、自分に合った力の取り方・動きなどを修得することを第一義とします。この段階では型の挙動通りにやることを重視します。

　変化分解組手は、基本分解の上半身あるいは下半身を変化させたものです。

　この基本・変化分解組手が「形」の形成、すなわち「技」の形成段階です。個々の持ち味が

培われる段階でもあります。

　応用分解組手では咄嗟に（無意識に）出る技＝「術」の形成段階です。この段階では最初入り身の瞬間は型、形に従いますが、あとの一連の動きは自由となります。

　武術としての「型」は用の美でなければなりません。すなわち用というのは使えるということであり、それは型の挙動を支配している目に見えない部分の修得があってこそ可能となります。美とは、自然体の挙動から生まれるものでなければなりません。

　第1章でも述べましたが、武術空手における上達はデジタル式（非可逆ステップアップ式）でなければなりません。一生懸命稽古したからといって伸びるものではないのです。自己の中にはっきりした変化の自覚があるような稽古をしなければなりません。

　上達の概念は大まかに三つに分けられます。その概念を【図6】に示しています。図6（a）は「外」の部分の稽古で、「内」に気づいていない段階の上達です。図6（b）は目標が見え、「内」の気づきによって今までできなかったことができるようになり、目標を達成しながら非可逆的にステップアップしていく上達です。武術の上達は図6（c）に示すような時間軸であり、この時間軸は、古来からの教えの「守・破・離」にあります。これは気づき、悟りによるデジタル的な広がりを持つステップアップの上達です。

　武術と言えば敵対行為としての相対構図をとるように見えますが、防御を絶対とし、その中に終止符としての攻撃を持つ構図のほうが上達も早いし、組手においても逆に相手がよく見えるようになります。その本質は調和・融合にあります。

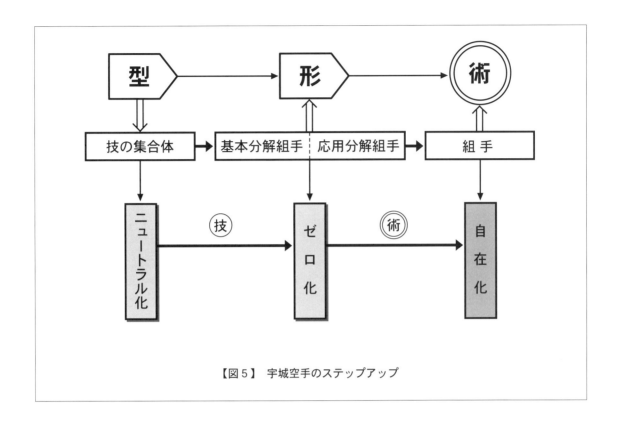

【図5】 宇城空手のステップアップ

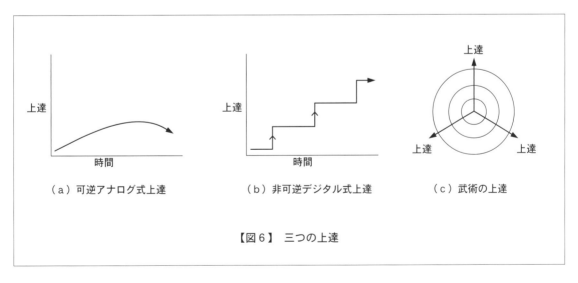

（a）可逆アナログ式上達　　　（b）非可逆デジタル式上達　　　（c）武術の上達

【図6】 三つの上達

それはあくまでも「型」を通じて得られるものですが、「型」は不変であり、個々の形を創出する源泉になるもので、未来永劫にわたって変えることなく継承していくことが重要です。それが伝統を守るということだと言えます。

相手の二の手（連続攻撃）を封じる攻防

防御を絶対とし、その中に終止符としての極めを持つためには、組手の攻防は相手の攻撃を受けると同時に、相手が次の攻撃ができない状態、すなわち「相手の二の手（連続攻撃）を封じ、極めの構え」になっていなければなりません。そのためには常に相手を捉えた状態、つまり相手に対し受けた瞬間、手・足・体の各部位が連動していっせいに相手を包み込んでいる状態でなければなりません。そういう状態のなかでは相手は次の攻撃ができません。常に先を取っていけば「攻撃は最大の防御なり」となります。

このような組手を心掛けて術技を身につけていくことが大事です。とくにナイファンチンの型は攻撃相手に対し90度の体勢で入り身をしますが、この構えこそ相手の二の手を封じる構えとなっています。まさしくこれがナイファンチンが実戦型と言われる所以です。このナイファンチンで攻防の基本を身につけることができれば、他の型の実戦性の特徴も見えてきます。

型は進化のモノサシ

今を十とすると、昨日は七だったという変化を経験することがあります。その今も明日になると八であったり五であったり変化します。しかし、その変化というのは、何かモノサシにな

る物がなければ、何がどのようにどのくらい変化したかという定量的な捉え方ができません。モノサシがあるから十とか七とかという捉え方ができます。その基準となるモノサシが内面にできて初めて変化の度合いが分かり、その時点から深さへのスタートが始まります。

型を通しての稽古はあらゆる発見、気づきがありますが、その一方で、ある一つの方向に集約されてくることが分かります。昨日十の言葉を必要としたものが、今日は一つの言葉で済む場合があります。さらに今日の一つは、また集まって十となり、明日になると、その十もまた一つに集約されていきます。このような変化があるということは、奥の深さが分かっていくということでもあります。そこに成長・進歩があるのです。

このように型を通しての稽古は型がモノサシ的な役割をしてくれるので重要です。また型からの術技の変化応用では、広がりながらも奥の深さを伴って中心に向かうという宇宙観的な体験をすることになります。それはピュアになるということです。ピュアとは無限の深さであり、無限の深さは絶対的な生き方にもつながっていきます。

型を通しての稽古には壁に当たるということがない

今まで調子よくきていたのに、ある時から上手くいかなくなることがあります。それをなんとかしようと努力するもののなかなか上手くいかない。そういう状態が続くと、壁に当たったと感じます。すなわち、行き詰まっていろいろ試行錯誤をしてみるものの効果が上がらないという状況です。

　要因の多くは姿勢の崩れ、力みやしゃくりなどにあります。自分の考えで姿勢をああでもないこうでもないと試しているうちに、さらに姿勢が崩れ、それによってさらに力みが出、さらに悪い方向に向かっていきます。「形状記憶合金」のように元の形に戻ることができればよいのですが、そうはいきません。

　ここに「型」の存在価値があります。

　「型」を通しての稽古は型がモノサシ的役目をするので、変化を定量的に捉えることができます。型は不変であり、誰がやっても同じでなければなりません。その型によって外見上の崩れを発見し、直すことができます。正しい外形は内面の変化を起こし、崩れた姿勢を矯正していきます。

　それには型を毎日やることによって崩れない正しい姿勢を創り上げていくことが重要です。そのことよって着実に一歩一歩進歩していくので、壁に当たるなどということはありません。それが型を通しての稽古であり魅力と言えます。

【第1段階】型を通して正しい外形を作る

① ナイファンチンの型より 「右手刀打ち」

・左右のバランス（正面）
右足を横に踏み出すと同時に右手刀を強く打つ。この時右手の勢いに引っ張られて左右のバランスが崩れないようにする。左右のバランスを身体で覚える。

・前後のバランス（側面）
前かがみになったり後ろに反ったりしないように身体で覚えていく。

② パッサイの型より 「体かわし突き」

・前後のバランス（正面）
側体が一直線になっているか、ねじれていないかを体で覚える。

・左右のバランス（側面）
右手に身体が引っ張られてバランスが崩れないようにする。

【第2段階】基本分解組手を通して内形を作る

① ナイファンチンの型より 「右手刀打ち」　　② パッサイの型より 「体かわし突き」

攻撃に対して相手に直角に入り込んで手刀打ちをする。型ができていないと直角に入り込めずに相手の突きをくらう結果になる。上手くいかない時は、型に戻るというフィードバックを行なう。

攻撃に対して体をかわしつつ右手突きを相手の脇腹に入れ込む。身体がねじれたりバランスが崩れると、逆に相手の突きを自分の脇腹にくらうことになる。上手くいかない時は型にフィードバックする。

【第3段階】外形・内形の合一をはかる（変化分解組手）

① ナイファンチンの型より
「右手刀打ち」の変化分解組手

② パッサイの型より
「体かわし突き」の変化分解組手

① 構え
② 相手の攻撃を引き込むようにして
③ 首へ手刀打ちをする

① 構え
② 相手の攻撃を引き込むようにしながら
③ 入り込みつつ、体をかわし上段突きをする

【第４段階】型からの変化応用分解組手

【A】

1
構え

2
"発剛含柔"
相手の攻撃に対して直線で入り込んでいるところ。左手は相手の右突きを制し、右手は掌底で相手の顔面を捉えている。柔が内になければ衝突しA‐3の技につながらなくなる。

3
"発柔含柔"
相手が死に体になっているので、あとの処理はいかようにもなる（防御でもっとも大事なのは相手の二の手を封じることと、死に体にさせることである。さらに死に体にさせるには見切りが絶対条件となる）。

【B】

1
構え

2
"発剛含柔"
相手の攻撃を見切り、相手の後ろに直線的に抜け、背中の急所に踵蹴りを入れている瞬間。

【C】

1
構え

2
"発剛含柔"
相手の蹴りを見切り、中段に突きを入れている瞬間。見切ったあと相手が死に体となっているので、中段突きは数倍の威力になる。

【D】 相手の蹴りと調和し投げに入る。
相手との調和は頭で考えてできるものではなく、身体で相手を捉えることが必要である。

【E】 相手の攻撃に対し、正面から直線に入り込み、突きを極める。
この時、相手の攻撃を受けるという気持ちがあると直線的に入り込むことはできない。攻防一如とはまさにこのことを言う。

サンチンの型

柔らかく重厚な動きに呼吸を合わせ
37兆個の細胞を一つの個となす稽古を
心すべし

サンチンの型

サンチンの型は沖縄では那覇手の古伝空手の基本型としてあまりにも有名であり、かつ重要なものです。それは空手のすべての基本が包括されているからであり、とくに呼吸法については、サンチンで修得しなければ次のステップへ進めないと言っても過言ではありません。

呼吸法

普通、呼吸は隠し呼吸と言って、見せずにするものですが、いろいろな型の中で唯一、呼吸を示しながらやっていくのがサンチンの型です。呼吸は、呼吸と突き、呼吸と受け、呼吸と動きが一体になっていることが重要です。

呼吸は、前に吐くのではなく、身体の中を上から下に通すようにして吐きます。その呼吸に突きや受けを合わせます。そのことで身体と動作が一体となり"極め"が出てきます。呼吸と動作が一体となり、かつ"極め"が伴うことで、組手などの突きに瞬発力が生まれます。

締めについて

締めを作るには一切の力を抜くことが重要です。力を抜くということは、あらゆる部分（肘・膝・関節・手首・肩……）を柔らかくするということです。この時、型から導かれる姿勢、すなわち締めによって自然と柔の中に剛の力すなわち真の力が生まれてきます。

この過程において、意識して締めたりすると、柔の中の剛は「硬」となり自由がなくなります。力を入れずに自然にやることが大事です。たとえば力を作るためにバーベル等で鍛えると関節が自然と硬くなり、柔の中に剛を作ることと相反してしまうので注意が必要です。

力を入れずに締めることは、細胞主体で弾力性のある筋を作り上げていく効果があります。つまり「サンチン」の型を通して、呼吸とともに身体及び各関節の柔らかさを身につけることによって、とくに武術空手において重要な瞬発力を得ることができるようになります。

とくに締めの中でも、脇の締めと肘の使い方とその柔らかさは宇城空手の特徴の一つです。それは攻防の柔軟さと瞬発力の源泉となるからです。

【写真】 締めと突き

仮想の敵

武道の型では敵を想定して行なうことが「一般的」となっていますが、重要なことは、何事にも捉われない身心動作を身につけることです。まさに型によるニュートラル化です。とくにサンチンの型の挙動を見るとそのことがよく分かります。受けも突きもゆっくりです。敵を想定すると、受けにも突きにもスピードが必要となりますが、サンチンでそれをあえてゆっくりしているのは、型でニュートラル化の状態を作ることによって、あらゆる攻撃に対して対応ができるからです。そのことは攻防としての分解組手を行なうとよく分かります。このようにサンチンは、とくに身心動作のニュートラル化に最適な型であると思います。

サンチンの型

1. 用意（最初）の姿勢。指揮者があれば「サンチン構えて」の号令で用意の姿勢に構える。足は結び立ちとなり、手は甲を前にして、右手甲の上に左手甲を重ね、軽く交差させる。

2. 「始め」の号令で、足は結び立ちから踵を押し広げるようにして内八の字立ちとなり、手は両手を正拳に握り締めながら、拳甲を前側に、拳頭を下に向けて体側に開きおろす。胸は広げ、肩を絞るように落とす。

3. 右足を大きく内に回しながら前に進め、右前サンチン立ちとなると同時に両腕を胸前で交差させるようにしながら

一般的に呼吸は鼻から吸って口で前方に吐くが、サンチンでは身体の上から下に呼吸を通していくようにする。（身体の呼吸）

【図7】 サンチンの呼吸

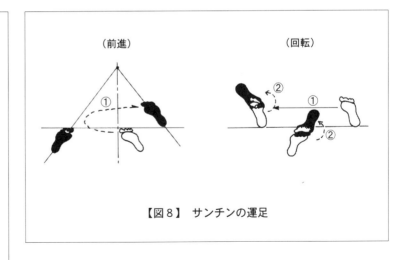

【図8】 サンチンの運足

4. 開いて両腕受けの姿勢になる。両肘は体幅より外に出ないように絞り込み、胸は逆に広げるようにする。両拳の高さはほぼ肩の高さとし、足は左足（後足）の爪先と右足（前足）の踵が横一直線上となるようにする。上体の姿勢を崩さぬよう垂直に落とすように膝を適度に屈して尻・腿を締める。

5. 左腕を静かに、肘から脇をこすり絞るように引き寄せ（吸息）

6. 拳甲を下に、拳槌が肋骨にめり込むように脇を締めて引手をする。引手の肘が外方に開かないように。

7. 左腕をまっすぐに脇をこすりながら自然に回転させつつ拳甲が上になるように突き出す（呼息）。

8. 姿勢はそのままで突き手をした左腕を内に回して肘を右腕に交差させるように寄せて、肘を中心に下腕を外方に回して腕受けの構えに移行する。腕が内方に移行するところは吸息を続け、外方に移行するところは呼息に変える。受けが極まる時点では、突きの極めと同様に一気に強く短く呼息して極め、気と体を一致させる。

9. 腕受けに構える（呼息）。

7の側面
逆突きの姿勢を示す。逆突きとは、後足の側の手で突くことを言う。

9の側面
腕受けは肘を支点に上腕と下腕は90度の角度となし、脇は一拳をはさんで締め込む頃合いとする。

10. 両腕受けのまま姿勢を崩さぬように保ちながら、左足を内に円弧を描くようにして一歩前進する。運足は前足（右足）の親指の爪を後足（左足）親指の腹でかすめるような気持ちで内側に弧を描いて進める。

11. 右手を引く（吸息）。
呼吸は静かに大きく動作と一致させる。

12. 右腕を突き出す（呼息）。
呼吸は技の動きに合わせて静かに出しながら、技の極めの瞬間にするどく強く吐き止めて極める。呼吸が極まったら間をおかずに素早く引き返すように吸息に変える（呼息は口から、

吸息は鼻孔から行ない、極めの時にはハッスッと聞こえる）。

13. 静かに吸息を続けながら右腕を内に回して肘を左腕に交差させるように寄せて、肘を中心に下腕を外方に回して腕受けの構えに移行する。

14. 右腕受けを極めて両腕受けの姿勢となる。
15. 受けの呼息が極まると同時にはねかえすように スッと吸息し、流れるように吸息を継続しながら右足を姿勢を崩さぬように内に弧を描いて前進する。
    前進する足が外方に移動する時点では呼息となる。
16. 左腕を引き
17. 左腕を突き出し
18. 左受けにより両腕受けとなる。
19. 足はそのまま（右前サンチン立ち）で腕受けをした左腕を引き手とし

20. 引き手の左腕を腹の前を回すようにして右腕受けの肘の下に拳甲を上にしたまま移動させて添える。
21. 右前足を左真横にずらすように移動して両腿を交差させ
22. 後方に一気に振り向く（転身）と同時に左腕は腕受け、右腕は肋側に引き手に構え、足は左前サンチン立ちとなる。転身に際しては、腰を浮かさぬように、受け・引き・サンチン立ちが一体となるようにする。呼吸は呼息で極め、気体を一致させる。
23. そのままで右手を突き出す。

24. 右腕受けして両腕受けとなり
25. 右足を一歩前進させ

26. 左手を引き
27. 左逆突きをして
28. 左腕受けして両腕受けとなり
29. そのままで左腕を再度引き
30. 左拳を右腕受けの肘の下に移動して
31. 右前足を真横にずらして両腿を交差させて転
    身に移る。動作は流れるようになめらかに行
    なう。
32. 前方に振り向くと同時に左腕受け、右引き手、
    左前サンチン立ちとなる。
33. 右突き。
34. 右腕受けで両腕受けとなり

35. 右足一歩前進。
36. 左引き手。
37. 左突き（逆突き）。

●側面

30   31   32

38. 左腕受けして両腕受けとなり

39. そのままの場所で前進せずに右腕を引き

40. 右突き（順突き）。前に出た足の側の手で行なう突きを「追い突き」と言う。

41. 右腕受けして両腕受けとなり

42. 前進せずにその場で左手を引き手とし

43. 左突き（逆突き）。

44. 左腕受けして両腕受けとなる。引き手、突き、受けの動作はここまでで終わる。36 以降は前進せずその場で動作を行なう。

45. 両腕受けの両肘を脇に締め込むようにして、両拳をみぞおち（水月）の前に拳甲を下にし

て引き寄せて開掌し、中割れに移行する。

46. 両手刀を斜め下に押し分けるようにして中割れをする。

47. 両手刀を掴みしぼるように拳を握り締めながら水月前に引き上げる。

48. 再び中割れをする。両肘は軽く曲げ、両手刀間は一拳くらいの広さとし、両肘は内側から外側に押し広げる感じ。

49. 47 の要領で両拳を胸元に引き上げ

●側面

45   46

両腕受けから中割れ
までの動作は途切れ
ないように手前に内
弧を描くように自然
に行なう。

50. 三度び中割れをする。
51. 右足を一歩引きながら、両手の甲を合わせこするようにして左手は上方に、右手は下方に回して
52. 左手は腹側に、右手は胸側に構え
53. 掌底を同時に突き出して虎口を極める。
54. 左足を一歩引きながら51の逆動作で右手は上方に、左手は下方に回して
55. 右手は腹側に、左手は胸側に脇を締めて構え
56. 両掌底を同時に前方に突き出して53の逆の虎口を極める。
57. 右前足を左足に引き寄せながら、左手の上に

右手甲をのせて水月前におさめ
58. 静かに両手をおろして1の姿勢に戻って終了する。

●側面　虎口

51　　　　　52　　　　　53

■宇城空手「サンチン」のポイント

1．足構え　・内八字サンチン立ち。

2．運足　　・前進内弧。後退直線。

3．呼吸　　・動作に合わせて静かに吐き、極めは鋭く強く吐き、素早く吸息に変える。
　　　　　　・転身時の腕受けは、呼息で極める。

4．引き手　・肘が外に開かぬように。

5．突き　　・脇をこすりながら腕を回転させて、肩の前方にまっすぐ突く。

6．中割れ　・脇を締め、肘を張って分ける。

7．虎口　　・中央に合わせた両手を上下同時に動作させる。
　　　　　　・上の掌底突きはあごを攻撃し、そのまま手首を返して指先は目に貫手する。
　　　　　　・下の掌底は受け、押さえにも活用する。

8．腕受け　・肘を中心に動作する。

サンチンの型の分解

　サンチンの型の分解組手を次に示します。これにより「型」の意味と、「型」から「形」への移行のシステムを理解、認識します。

腕受け投げ
（型写真 10 〜 12）

①

②

③

④

① 構え
② 中段突き攻撃に対して腕受け
③④ 投げに入る

中割れ裏拳
（型写真 45 〜 46）

①

②

③

① 構え
② 諸手突きで攻撃してきたところを「中割れ」で防御する
③ すかさず裏拳打で顔面を攻撃する

虎口（左）
（型写真 51 ～ 53）

① 構え
② 上段攻撃を「虎口」で受けつつ
③ 左手で相手の右手を防御し
　相手の顔面に右掌底で攻撃する

虎口（右）
（型写真 54 ～ 56）

① 構え
② 上段攻撃を「虎口」で受けつつ
③ 右手で相手の右手を制し
　相手の顔面に左掌底で攻撃する

内払い肘当て

（型写真 20 ～ 22）

① 構え
② 内払いしつつサンチンの転身で相手に
　入り
③ 肘当てで相手を攻撃する

内払い後ろ蹴り

（型写真 20 ～ 22）

① 構え
② 内払いしつつサンチンの転身で相手に
　入り
③ 相手の左腿に後ろ蹴りで攻撃する

ドイツ・ベルリン空手セミナー　2017年

サンチンの型　（腕受けからの投げ）

宇城空手の特徴でもある「無力化」は、受け、すなわち防御の中から生まれます。

【1】腕受け（無力化）→ 投げ

（内腕受けからの投げ）

この時点で「無力化」している
ことが重要

投げ

① ②

【2】腕受け（無力化）→ 投げ

（外腕受けからの投げ）

この時点で「無力化」している
ことが重要

投げ

① ②

ナイファンチンの型

外面の瞬発力はすべて内面から生まれ
内面外面の一致は大地との融合を生み
重力を生む稽古とすべし

ナイファンチンの型

　ナイファンチンの型は沖縄の首里手の古伝型として有名です。型は写真1〜40の挙動を一連の流れで行ない、動きの方向は横一直線上となります。この型は非常にシンプルですが、その内容は変化応用に適しています。型の挙動そのものが、すべて瞬発力となることが特徴で、それ故に沖縄では古来より基本型でありながら、実戦型とも言われています。しかし、写真の挙動を見ると、「このシンプルな型のどこに実戦に通用する技・術があるのだろうか」と感じます。

　ナイファンチンの型はサンチンの型とともに沖縄古伝の基本型として最初に習いますが、やればやるほど難しいことがだんだん分かってきます。すなわち稽古をすればするほど、その奥の深さが見えてくるということです。

　「型」は写真に示す「外に見える部分」と、その挙動を支配している「見えない内なる部分」とがあり、前者を「外」、後者を「内」と表現すると、型はどの型でもそうですが、「外2内8」ぐらいの構成であると考えてよいと思います。そのくらい「内」の部分が「外」を支配しています。「外」は目と言葉で学ぶことができますが、「内」は目で見えず、言葉で表わしにくいものです。そのため瞬時に膨大な情報が伝わる「一触」という手法が「内」を理解する有効手段であると言えます。

　自論ですが、
　「百聞は一見に如かず
　　百見は一触に如かず」
です。

　計器で測れるようなパワー的な力は目や言葉で分かりやすいのですが、武術に必要な「ニュー

トラル化」や「ゼロ化」、さらにその上の瞬発力、柔らかい力などは、目や言葉はあくまでも補助的手段にしかなりません。これらは一触することにより分かるもので、たとえその段階ではできなくても、一触によってその技・術の感触が身体に残るので目標ができます。

　一般に武術というとどうしてもパワー的な力でやりがちですが、術技の構成が「外8内2」の力と「外2内8」の力では全く話にならないくらいの差があります。武術としては少なくとも、まずは「外4内6」くらいの構成の型にしていかなくてはなりません。このステップアップの変化にいつ気づくかが大事であり、真の入門はこの「内」の重要さに気づいた時から始まると言ってよいと思います。「型」が結果として使えるか使えないかは、この目に見えず言葉で表わしにくい「内」なる部分を修得することにあります。

　したがって型の修得とは、「外・内」の同時進行で行ない、目と言葉で学べる「外」を通じ、それに魂を入れる「内」を一触によって学ぶことです。「型」だけで鍛錬していく方法もありますが、「型」から「形」「術」のフィードバックシステムをとることによって、「内」なる部分の検証ができ、かつ型と同時に形（技）が形成され、また実戦に必要な術が形成されていくと言えます。

　「型」は不変であり、過去、現在、未来にわたって決して変えてはならないものです。その不変の型を源泉とし、個々の普遍の型としての「形」（＝技）を修得し、さらに咄嗟に（無意識に）出る技、すなわち「術」を身につけなければなりません。

　「型」は諸々の攻撃に対し、合理的な態勢（防御システム）になる立ち方・体の変化・運足・

手足の使い方を構造的、力学的、運動学的に教えています。一方「型には技・術が隠されており、それが分かるようにならなければならない（座波先生からよく聞いた言葉）」ということがあります。この「隠されている」というのが「内」なる部分のことです。

〈ナイファンチンの特徴〉

① 「攻撃は最大の防御なり」、すなわち一般に言う"受け"は一切なしで、体の変化（相手の攻撃に対して90度に入り込む）で相手に触れず攻撃します。いわゆる実戦型と言われる所以です。

② 運足と攻撃体勢に特徴があり、運足及び動きは横一直線になります。

③ 基本的に呼吸は見せず、吐くだけの動作で行ないます。いつ吸うのかと言いたくなりますが、吸うのは瞬間で外見上はまったく分からないと思います。

④ 左手と右手の使い方は、非常に重要で、左手は右手を助け、右手は左手を助ける動きであることが肝心です。使い方は最初難しいですが、修業することによってやりやすくなっていき、しかも力に頼らない姿勢を作り上げてくれます。

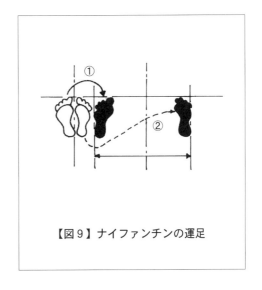

【図9】ナイファンチンの運足

足幅は、脛長＋拳1個分

ナイファンチンの型

1. 用意（最初）の姿勢。指揮者があれば「ナイファンチン構えて」の号令で用意の姿勢に構える。足は閉足立ちとなり、手は甲を前にして、右手甲の上に左手甲を重ね、軽く交差させる。
2. 「始め」または「一」の号令で顔を右横に振り向ける。
3. 右側方を凝視したまま、左足を右足の前を回すように交差させる。
4. 右足を左足の後ろを回すように運んで、右横線上に開いてナイファンチン立ちとなり腰を据え、左手は握拳で脇を締めて引き手とし、右手は開手して掌を前面に向け右方に伸ばす。

足幅は四股立ちの歩幅で足先を前方に向け両足刀（小指側）を平行に置き、腰を落とし馬上にまたがった気持ちで膝を締める。

5. 腰を回して左肘当てを右掌に当てる。
6. 右手は脇を締めて引き手とすると同時に左拳は甲を上にして右拳の上に掌側が向き合うように引き寄せ、顔を左横に振り向ける。
7. 左手で左横に下段払いをする。
8. 下段払いをした左手を左脇に引き手しながら、右手で左側に横突きをする。
9. 右足を左足に引き寄せ、左足の前を回すように運んで足を交差する。

10. 左足を右足の後ろから回すように運んで左横
　　線上に開き、ナイファンチン立ちとなる。
11. 右腕受けをする。
12. 左腕受けに受け返すと同時に右手は前方に下
　　段受けをする。

●側面

7　　　　　　　　8

13. 右拳を左肘の下に甲を上にして引き寄せながら前方に向かって左裏拳打ちをする。
14. 顔を左横に振り向け
15. 左足底で右膝前へすくい打つように払い上げる。
16. 左足を元に戻し、右拳は甲を上にして左肘の下に添えたまま左腕受けをする。
17. 構えを変えぬままで顔を右横に振り向ける。
18. 右足底で左膝前へすくい打つように払い上げる。
19. 払い上げた右足を元の位置に戻し、右拳は甲を上に左肘の下に添えたまま腰を回して右方

へ内腕受けをする。
20. 両拳を右脇に締めて構え、顔は左方に向ける。
21. 左方に向けて両手で正拳を突き出す。
22. 左拳を開手して、手背で受け払う気持ちで左腕を左方に伸ばす。
23. 腰を回して右肘で左手掌に肘当てをする。
24. 顔を右方に振り向け、左右の拳を左脇に締めて構える。

●側面

21   23

25. 右手で右方に下段払いをする。

26. 右手下段払いに連続して左拳を右方に突き出す。

27. 26の動作を極めた形のまま左足を右足に引き寄せ、右足の前を回すように通りこして左右の足を交差する。

28. 右足を左足の後ろを回すようにして右側方に一歩踏み開いてナイファンチン立ちとなる。顔を正面に向け、左腕受けをする。

29. 引き続き右腕受けに受け返し、同時に左腕は正面への下段払いをする。

30. 左拳を右肘下に引き寄せながら右裏拳打ちをする。

31. 30の姿勢のまま右横に顔を振り向ける。

32. 右足底ですくい打つように左膝前に払い上げ

33. 右足を元の位置に戻し、左拳は甲を上にして右肘の下に添えたまま右方に腕受けをする。

34. 33の姿勢のまま顔を左横に振り向け

35. 32と同じ要領で左足払いをし

36. 左足を元の位置に戻し腰を回して左拳を右肘の下に添えたまま右腕で内受けをする（内腕受）。

37. 顔を右横に振り向け、左右の拳を右脇に締めて構える。
38. 右横に両手で突きをする。
39. 右手・右足を引き寄せて足は閉足立ちとなり、手は甲を下にして右手甲を重ねて乗せるように体の中央に戻し
40. 静かに両手甲が前方に向くように下ろして終わる。

■宇城空手「ナイファンチン」のポイント

1. 足幅はサンチンの歩幅が基準となる。
2. 足構えはナイファンチン立ち。腰を据えて膝を屈し腿・膝を締める。自然な姿勢で無理をしない。
3. 胸・腰を張り腰を落とす。
4. 顔の振り向けは勢いよく、迅速に行なう。
5. 手足の技を行なう時も、左右の移動に際しても体を上下させない。
6. 足払いは足底で打ち砕くように払い上げ、なめらかに元の位置に戻す（踏み込みではない）。
7. 両拳を脇に構える時は、肩を落とし脇を締める。

ニューヨークセミナー　2008年

ナイファンチンの型の分解

肘当て（二挙動）

（型写真 22 〜 23）

① 構え

肘当て（二挙動 投げ）

③ 相手の水月へ肘
　当て
④⑤ そのまま投げ
　　に入る

② 中段突き攻撃に対し
　ナイファンチン立ちとなりつつ背手受
　け
③ 相手の水月へ肘当て

（注意）
　肘当てまでの体の変化において、体を
　ねじらないこと。
　ねじると肘当てが表面上の打ちになり、
　内に浸透しない。

肘当て（一挙動）

（型写真 22 〜 23）

① 構え

①

肘当て

②

②中段突き攻撃に対し相手の水月に肘当て

肘当て（一挙動 投げ）

②

②中段突き攻撃に
対し相手の水月
に肘当て
③④ そのまま投げ
に入る

③

④

取り → 裏拳
（型写真 10 〜 11）

① 構え

裏拳打ち

② 相手の攻撃に対しナイファンチンの入り身で入り、同時に中断攻撃の拳を自分の脇のところで、左、右手で締め込む

③ すかさず裏拳打ちをする

（注意）
　相手の攻撃の拳を自分の両手ではさみ締め込むが、両手には力を入れないこと。相手は攻撃した瞬間手を引こうとするが、ひっかかる感じになる。

取り・逆関節 → 蹴り

② 相手の攻撃に対しナイファンチンの入り身で入り

③ 自分の左手を円を描くような軌道上で相手の関節を極め

④ すかさず相手の脇に蹴りを入れる

下段払い → 横突き

（型写真 7 ～ 8）

①

②

③

① 構え
② 中段突き攻撃を下段払いで防御し
③ すかさず右手で横突きをする

腕受け・腕受け → 裏拳

（型写真 28 ～ 30）

①

②

③

④

① 構え
② 中段突き攻撃を左
　腕受けで防御する
③ さらに連続攻撃し
　てきたところを右
　腕受けする
④ すかさず裏拳打ち
　攻撃をする

（注意）
　腕受けの肘が十分
に絞られているこ
と。
　連続攻撃は左、右
が一（イチ）の動作で攻撃
するので、防御も
左、右が一の動作
になるようにす
る。連動した使い
方、すなわち外の
働きではなく、内
の働きが重要であ
る。

内払い → 裏拳

（型写真 36）

① 構え

② 中段突き攻撃をナイファンチンの入り

③ すかさず裏拳を相手の顔面に入れる

足払い → 足刀（関節蹴り）

（型写真 18）

① 構え

② 蹴りの攻撃に対し、足底ですくい打つ

③ そのまますかさず足刀で相手の膝関節

① 構え
② 中段突き攻撃をナイファンチンの入り
　身で入り、内払いで防御
③ すかさず裏拳を相手の顔面に入れる

① 構え
② 蹴りの攻撃に対し、足底ですくい打つ
　ように足を上げ
③ そのまますかさず足刀で相手の膝関節
　を攻撃する

諸手突き

（型写真 37 〜 38）

①

②

③

（反対側から）

① 構え
② 中段突き攻撃に対しナイファンチンの
　 入り身で入りつつ
③ すかさず諸手突きで攻撃する

クーサンクーの型

屈伸突き、蹴りを特徴とし
決して力に頼らないスピードと
重厚さを身につけるべし

公相君

クーサンクーの型

　クーサンクーの由来は、1756年、唐より冊封使の武官として随行してきた公相君に教わったことにちなんで、型の名をクーサンクー（公相君）としたという説があります。

　文献『大島筆記』の中に、
「先年、唐より組合術の上手とて、公相君、弟子を数々つれてきたり、其の技、左右の手のうち、何分一つは乳の方を押え、片手にて技をなし、蹴り足をよくきかす術なり、はなはだ痩せし、弱々としたる人でありしが、大力の者無理に取付けど、たちまち倒したる」
とあるように、蹴り技はクーサンクーの特徴の一つにもなっています。

　もう一つの特徴に屈伸を利用した猫足からの突きがあります。屈伸を利用して下から突き上げるため、その威力には計り知れないものがあります。

　さらに、型の表面上からは分かりにくいのですが、このクーサンクーの型を練り上げることによって、投げに必要な足・腰・肩・手の連動が自然と身についてくるのも、この型の隠された特徴です。

琵琶湖にて　2006年

クーサンクーの型

1. 「構え」の姿勢。足は結び立ち。手は開手で軽く交差させる。
2. 「用意」の姿勢。自然体の構えとなる。
3. 「始め」の号令で「腕受け」の姿勢となる。左方向を向きながら腕受けをする。その時の足は猫足となる。
   ＊右手と左手を交差させながら、腕受け、引き手をする。
4. 「突き」の姿勢。右足を一歩踏み込むと同時に、屈伸を利用して突きをする。
   ＊この屈伸から出る突きはクーサンクーの特徴であり、十分なる練習を必要とするもので

ある。また屈伸する時は、後足の屈伸を十分効かすようにするとよい。

5. 「腕受け」の姿勢。右を向きながら腕受けとなり、足は猫足立ちとなる。
   ＊姿勢が前かがみにならないようにする。
6. 「突き」の姿勢。左足を一歩踏み込むと同時に、屈伸を利用して突きをする。

7. 「腕受け」の姿勢。正面を向きながら腕受けをする。足は猫足立ち。

8. 「突き」の姿勢。右足を一歩踏み出すと同時に、屈伸を利用して突きをする。

9. 「腕受け」の姿勢。猫足立ちで腕受けをする。

10. 「突き」の姿勢。左足を一歩踏み出すと同時に膝の屈伸を効かせて突きをする。

11. 「腕受け」の姿勢。猫足立ちで腕受けをする。

12. 「突き」の姿勢。右屈伸突き。

13. 「掛け取り」の姿勢。右突きの姿勢から左回りして、掛け取りの姿勢となる。立ち方は交差立ちで腰を十分左側に入れ込むので、前足の方向はやや外側に向く。

14. 「蹴り」の姿勢。右足で正面蹴り。手は掛け取りのままで行なう。
    ＊蹴り足は、膝を十分上げてから蹴り出すようにする。また蹴りの線は掛け取りをしている右肘の真下から（右肘の真下に右足膝がくるようにして）蹴るとよい。こうして蹴り出される蹴りは相手に対して見えにくい。

15. 「裏拳打ち」の姿勢。右足をおろすと同時に、左足を引き寄せながら右裏拳打ちをする。
    ＊裏拳打ちのこの時の威力は、左足の引きと左手の十分な引きがあって初めてできる。

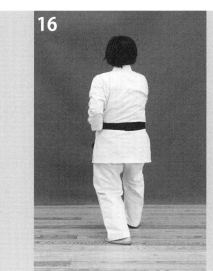

●反対側

16.「腕受け」の姿勢。引き寄せた左足を半歩下げ
　　ると同時に、右腕受けをする。足は猫足立ち。
　　＊腕受けは、すくい上げるような気持ちで行
　　なうことが肝心である。
17.「連続突き」の姿勢。猫足立ちのままで左逆突
　　き。

18. 「連続突き」の姿勢。すかさず猫足立ちのまま
右突きをする。
　＊連続突きは左右の突きが途切れては意味がな
い。最初の突きの時の引手を引き過ぎると途切
れてしまうので、実戦時の引手（肘が体より後
ろにいかない程度）くらいにすると連続突きが
できる。

19. その場で前方に向き直り「下段払い」の姿勢。
猫足立ちになると同時に左下段払い右上段腕
受けの形となる。
　＊左手と右手のバランスが重要である。この
姿勢の解釈は、右手を上段外受けと考えるこ

と。また、左下段払いの左手を助ける（すな
わち力学的に下段払いの力をもっとも取りや
すい形）と同時に、次の攻撃への構えともなっ
ている。肩の線が平行一直線になること。

20. 「手刀打ち」の姿勢。上方より半円を描くよう
にして相手の首筋のあたりに、縦手刀打ちを
する。腰は十分に入れ込むため足は前屈立ち
でもやや交差立ちの感じとなる。
　＊右手を十分伸ばし、腰も十分入れ込むこと。
肘の線は水平に移動する（肘を扇の要と考え
るとよい）。

21. 「連続突き」の姿勢。左突き。

22.「連続突き」の姿勢。右突き。

23.「掛け取り」の姿勢。

24.「蹴り」の姿勢。掛け取りの姿勢から右正面蹴りをする。

25.「裏拳打ち」の姿勢。交差立ち、裏拳打ち。
　　＊裏拳の軌跡は、体の中心線を通って打ち出されることが重要である。

26.「腕受け」の姿勢。猫足立ち、右腕受け（写真16に同じ）。

27.「連続突き」の姿勢。猫足立ち、左逆突き。

28.「連続突き」の姿勢。猫足立ち、右順突き。

29.「下段払い」の姿勢。写真19と同じ。

30

31

32

36

37

38

30. 「手刀打ち」の姿勢。写真20と同じ。
31. 「連続突き」の姿勢。写真21と同じ。
32. 「連続突き」の姿勢。写真22と同じ。
33. 「掛け取り」の姿勢。写真13、23と同じ。
34. 「蹴り」の姿勢。写真14、24と同じ。
35. 「裏拳打ち」の姿勢。写真15、25と同じ。
36. 「腕受け」の姿勢。写真16、26と同じ。
37. 「連続突き」の姿勢。写真17、27と同じ。
38. 「連続突き」の姿勢。写真18、28と同じ。
39. 「諸手腕受け」の姿勢。左を向きながら諸手腕受けをする。この時、半四股立ちとなる。
40. 「技のつなぎ」の姿勢。右腰に両手を引き寄せ

攻撃姿勢となる。
　＊ナイファンチンと同じ要領。
41. 「諸手突き」の姿勢。四股立ちで腰を落として突く。
　＊諸手突きということで両拳が同じ位置にあると考えがちであるが、無理にそのようにする必要はない。両拳の力が取れることがもっとも肝心である。

●反対側

39　　　　　40　　　　　41

42. 「諸手腕受け」の姿勢。右を向きながら諸手腕受けをする。立ち方は半四股立ちとなる。

43. 「技のつなぎ」の姿勢。左腰に両手を引き寄せ攻撃姿勢となる。

44. 「諸手突き」の姿勢。四股立ちで腰を落として突く。

45. 「棒取り」の姿勢。真後ろに向きながら、両手で棒取りをする。
    ＊脇をしっかり締めて棒を取る。

46. 「棒押し込み」の姿勢。棒取りから棒を相手側に押し込む。その時左手は脇を十分に絞って右手左手とも左回りに棒をねじりながら押し込む。

47. 「棒はずし」の姿勢。押し込んだ棒を今度は右回りにねじりながら引き込む。
    ＊写真46、47を連続動作で行なう。押し込み時の棒の左ねじり、引き込み時の棒の右ねじりによって、うまく相手の力を取ることができる。また脇を開けないようにすることが肝心である。

48. 「手刀受け」の姿勢。左足を半歩左45度の方向に進め、猫足立ち、左手刀受けとなる。

49. 「手刀受け」の姿勢。右足をさらに右方向に踏み出して猫足立ち、右手刀受けとなる。

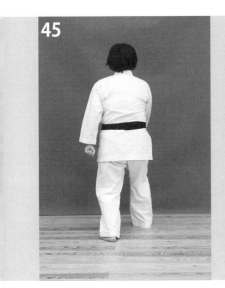

●反対側

50.「回し取り」の姿勢。左足を右足のところに引きつけながら両手は大きく回し取りをする。

51.「回し取り」の姿勢。右上腰に両手を回し取って引きつける。
　　＊十分右手を絞り込むことが重要である。

52.「蹴り」の姿勢。横手刀になるやいなや左蹴りをする。
　＊蹴る時は、体が蹴る方向を向いて蹴るようにし、また蹴り足は左手の腹を蹴る気持ちでするとよい。そのためには蹴り足の膝が十分に上がっていることが肝心である。

53.「肘当て」の姿勢。蹴り足が着地すると同時に、右肘当てをする。足は交差立ちとなる。
　＊肘当ての要領はナイファンチンの肘当てと同じ。

54.「蹴り」の姿勢。右横手刀になるやいなや右蹴りをする。

55.「肘当て」の姿勢。蹴り足が着地すると同時に左肘当てをする。

56.「手刀打ち」の姿勢。相手の首筋に手刀打ちをする。左手は上段手刀受け、足は前屈立ちとなる。腰を十分入れ込むため、足はやや交差した形になる。
　＊手刀打ちは、肘当ての姿勢の位置から持っていく。

57.「蹴り」の姿勢。手刀打ちの姿勢のまま右正面蹴りをする。

58.「裏拳打ち」の姿勢。写真15、25に同じ。

59.「腕受け」の姿勢。写真16、26に同じ。

55

56

57

61

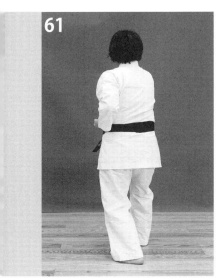

60.「連続突き」の姿勢。写真 17、27 に同じ。

61.「連続突き」の姿勢。写真 18、28 に同じ。

●反対側

57

58

59

62. 「はずし」の姿勢。右突きの拳を水月のあたりに引く。その時左手は開手で右拳の甲を下から添える。と同時に足は膝をかかえ込む形となる。

　＊できるだけ膝は上げるようにする。

63. 「伏せ」の姿勢。左に360度回転すると同時に、左足を大きく引いて伏せの姿勢となる。

　＊目は相手につけておくこと。即立ち上がれる姿勢にあること（構えになっていること）。

64. 「手刀受け」の姿勢。猫足左手刀受け。

65. 「手刀受け」の姿勢。猫足右手刀受け。

66. 「腕受け」の姿勢。左方向に270度回転し、同時に猫足立ち左腕受けとなる。

67. 「突き」の姿勢。右足を一歩進めて右屈伸突きをする。

68. 「腕受け」の姿勢。右回りに180度回転し猫足立ち右腕受けとなる。

69. 「突き」の姿勢。左足を一歩進めて左屈伸突きをする。

70. 「終わり」の姿勢。

71. 終わり。

●反対側

62

63

クーサンクーの型の分解

腕受け → 屈伸突き

（型写真 3 ～ 4）

①

②

③

① 構え
② 中段攻撃に対し、クーサンクーの猫足
　立ち腕受けで防御
③ すかさず、一歩踏み込むと同時に屈伸
　を利用した突きで攻撃する

掛け取り → 蹴り → 裏拳

（型写真 13 ～ 15）

①

②

③

④

⑤

① 構え
② 中段攻撃に対し、クー
　サンクーの掛け取りの
　姿勢で防御
③ 手は掛け取りのまま、
　すかさず相手に蹴りを
　入れる
④ 足をおろすと同時に裏
　拳打ちをする

下段払い → 頸動脈打ち → 連続突き

（型写真 19 〜 22）

① 構え
② 中段攻撃に対し下段払いで防御
③ すかさず相手の首筋に手刀打ちを入れ
④⑤ 連続打ち攻撃をする

①

②

④

④

⑤

諸手腕受け → 諸手突き

（型写真 39 〜 44）

① 構え
② 中段攻撃に対し諸手腕受けを
　し
③④ 相手の脇腹に向けて諸手突
　きを入れる

①

②

②

③

③

④

④

背手刀 → 蹴り

（型写真 52 〜 55）

① 構え

② 中段突き攻撃に対し手刀受けで防御し
③ すかさず相手の脇に蹴りを入れる

上段受け 手刀（頸動脈打ち）

（型写真 56）

① 構え
② 上段攻撃に対し、交差立ちになりながら
③ 体をかわし、左手で防御しつつ右手刀で相手の首筋に打ち込む

棒取り

（型写真 45 〜 47）

① 棒の攻撃に対しはさみ込むようにして棒を取り
② すかさずねじり込みながら押し込み
③ すかさず逆にねじりながら引き込みし（棒の突きあるいは棒を回転させて）投げる

（座波仁吉先生と
　宇城憲治の分解より）

117

パッサイの型

変化に富む型から自在を生み出す形へ
あらゆる変化にあっても中心を保ち
相手との調和をはかることを心すべし

パッサイの型

パッサイの型は、その挙動が始めから終わりまで、流れるようななめらかさで曲線的な軌跡をとる柔らかさの中にも、しっかりした極めがあり美しさがあります。この型の大事な点は、技と技のつなぎにあります。写真では分かりにくいのですが、実はこのつなぎこそ重要であり、組手に生きてきます。まさにパッサイの特徴の一つです。

空手がその昔「手」と書いて「ティー」と呼ばれていた頃（手→唐手→空手）、その「手」は沖縄舞踊「舞方」が原点になっているとも言われています。現在でも沖縄にはその「舞方」が残っており、動き、姿勢、拳、足の使い方に「手」がはっきり分かります。「舞の手」の美しさはそのつなぎの部分にあります。流れるような切れることのない挙動こそつなぎの妙味であり、空手の型も、このつなぎによってより生きてくるのです。柔らかさのある型は実戦に使えると言われていますが、柔らかさを作るためにはこのつなぎは絶対的なものであり、実戦技への裏技がここに秘められていると言っても過言ではありません。

パッサイの型でもう一つ大事な点は柔の中からの剛、すなわち柔らかさの中から繰り出される瞬発力です。この二つの重要な点があいまって、流れるようななめらかさの中にも武術らしいメリハリのある極めを作り出しています。

またパッサイの型の特徴に、「猫足立ち」という空手独特の立ち方があり、その踏み込み足によって瞬発力を作り出しています。

「猫足立ち」というのは、空手においては非常に特徴のある重要な立ち方であり、とくに接近戦ではその威力を発揮します。

もう一つの特徴は、「体かわし」の防御です。この時の立ち方は「前屈立ち」で、その場で左右に前屈立ちとなることによって体をかわし、同時に受けあるいは突きをするものです。

この体かわしで気をつけなければならない点は、芯をぶらさないことです。形だけの前屈立ちで体かわしをやっても、芯がぶれていれば防御どころか相手の攻撃を受ける結果になります。したがって分解組手で実際検証して、その芯の存在に気づくことが大事です。その芯に気づいたら、次は芯をぶらさないということを修得して、初めてこの「体かわし」は技となります。

型はただ演じればよいというものではありません。型の挙動を支配している芯に気づく鍛練が必要です。

型はいかなる状態にあっても、あらゆる変化に対応できる起点（原点）の連続したものであり、そのための正しい姿勢と、事の起こりを必要としない柔らかさと、ぶれのない芯（できるだけ小さい中心点、すなわち面よりは線、線よりは点）を作り上げることが重要です。それを可能にするのが「型」であるのです。

サンチンの型の演武線は、前後の一直線上の挙動ですが、ナイファンチンの型の場合、それは左右一直線上の挙動となります。パッサイの型は前後、左右、斜めの六方向となり、広がりが大きくなります。

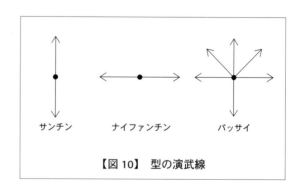

【図10】 型の演武線

パッサイの型

1. 「用意」の姿勢。足は閉足立ちで、左手の開手に右拳を添える。
2. 「技のつなぎ」の姿勢。左足を半歩自然に踏み出す。
3. 「技のつなぎ」の姿勢。
4. 「支え腕受け」の姿勢。体を半身にしながら右足を大きく一歩踏み出すと同時に、支え腕受けをしながら左足を引きつける。
   ＊支え腕受けは右肘のバ

ネを効かすことが重要。
5. 反時計回りに後方に向きながら、両手を胸元で大きく交差させ
6. 「諸手手刀受け」の姿勢。上段の諸手手刀受けをする。足は猫足立ちとなる。

●反対側

5   6

121

7. 「上げ受け」の姿勢。諸手手刀から両肘を体の中心で交差させるようにしてから、右手上げ受けをする。

8. 「あご突き」の姿勢。左足を一歩進めると同時に左あご突きをする。右手は左肘のところに持っていく。
   ＊あご突きの威力は、左足の踏ん張りと、右手の引き手（ただし左肘のところに持っていく）によって作られる。この突きはパッサイの特徴でもあるので、十分練習して身につけること。

9. 「上げ受け」の姿勢。その場で足を踏み換えな
   がら前方に向きなおると同時に、右上げ受けをする。立ち方は猫足立ち。

10. 「あご突き」の姿勢。左足を一歩進めると同時に左あご突きをする。右手は左肘のところに持っていく。

11. 「上げ受け」の姿勢。右方向に向きながら四肢立ち、右上げ受けとなる。

12. 「あご突き」の姿勢。左足を半円を描くように右足のところを通って一歩進め、猫足立ちあご突きとなる。

13. 「上げ受け」の姿勢。その場で、左上げ受けをする。立ち方は猫足立ち。

14. 「あご突き」の姿勢。右足を一歩進めて足をそろえ、右あご突きをする。

15. 「回し取り」の姿勢。両手を大きく回し

16. 「回し取り」の姿勢。右上腰に両手を十分引きつけ回し取りをする。

17. 「体かわし突き」の姿勢。左足を横に一歩踏み出すと同時にかわし突きをする。
＊体と足の線が一直線になるようにする。このことによって突きに威力が出る。

18. 「体かわし受け」の姿勢。かわし突きの姿勢のまま、右腕受けをする。

●反対側

7

8

19. 「突き」の姿勢。体を正面に戻しながら平行立ちの左突きとなる。

　＊正面に体を戻す時、左の突きのスピード（力）も加わって、体が左の突きに引っ張られて崩れがちであるが、心して練習すること。コツは胸を広げるような気持ちで突くとよい。

20. 「かわし受け」の姿勢。体を右方向にかわしながら左腕受けをする。

21. 「手刀下段払い」の姿勢。右足で半円を描きながら左足のところを通って一歩進め、猫足立ち、手刀下段払いをする。写真21、22、23は一連の動作となる。

22. 「手刀下段払い」の姿勢。左足を一歩進めると同時に、左手刀下段払い、右手水月防御の姿勢となる。

　＊腰は写真21のままの向きで移動。左手の力を右手のすくい受けによって助ける形となる。

23. 「手刀下段払い」の姿勢。右足を一歩進めると同時に、右手刀下段払い、左手は水月防御となる。

24. 「手刀受け」の姿勢。右足を一歩下げ、猫足になりながら左手刀受けとなる。右手は甲を上にした開手で水月あたりに添える。

　＊手刀受けの体勢になる時、右手の運びは左

22

23

24

28

29

●側面

25

26

27

手にかけながら（交差させながら）水月のところに持っていく。

25.「取り」の姿勢。左手刀で掛け受けしながら、腰を入れ込みつつ取りの体勢となる。立ち方は交差立ちとなる。

＊脇を絞り、両手は取っているという意味で、拳を握った形となる。

26.「足刀蹴り」の姿勢。右足を十分引き上げた姿勢から

27. 両拳を後方に引っ張ると同時に、足刀蹴り（関節落とし）をする。

28.「手刀受け」の姿勢。蹴り足を着地させるやいなや、後方に向きなおり左手刀受けをする。立ち方は猫足立ち。

29.「手刀受け」の姿勢。右足を一歩進めて猫足立ち、右手刀受けとなる。

125

30. 右足を半歩引くと同時に、諸手輪受けとなる。足は猫足で右足を半歩引いただけの姿勢である。
    ＊右足を引く時、足が伸びきらないようにする。つまり猫足の姿勢のまま諸手手刀受けをする。これは諸手手刀受けの力が取りやすいのと、攻防一如となるからである。

31. 「はさみ打ち」の姿勢。右足を進めると同時に、両手ではさみ打ち（鉄槌）をする。立ち方は半四肢立ちとなる。
    ＊両肘ではさみ打ちする気持ちで行なうと、鉄槌に威力が出る。

32. 「諸手突き」の姿勢。はさみ打ちした鉄槌を左に大きく回し、一回左上腰に持っていってから諸手突きをする。ただし動作はよどむところがないように注意する。

33. 「下段払い」の姿勢。前方を向きながら猫足となると同時に、左下段払い、右上段腕受けとなる。

34. つなぎの姿勢。

35. 「体かわし下段払い」の姿勢。左足を軸に、右足は半円を描くようにして進めると同時に、手は右上段腕受けの位置から、体かわし下段打ち（金的打ち）となる。

●反対側

 30

 31

 32

33

34

 36

 37

38

39

 38

 39

＊右上段腕受けの拳の高さは
そのままで、体の回転に合わ
せて手はついていくようにす
る（手だけの動作にならない
こと）。

36.「手刀受け」の姿勢。後方を向
き、左足を一歩進め左手刀受
けをする（この時の手刀受け
は肘を伸ばす）。立ち方は左半
身の自然体。

37.「三日月蹴り」の姿勢。伸ばし
た手刀の手の腹を右足裏（底）

で蹴る。
＊足の膝を十分上げて蹴るこ
とと、バネを効かすことが大
事である。また、軸足は絞っ
ておくこと（蹴りにつられて
体が開かないこと）。

38.「肘当て」の姿勢。右足が着地
するやいなや右肘当てをする。

39.「裏拳打ち」の姿勢。肘当ての
姿勢から、すかさず裏拳打ち
となる。

40.「連続平拳打ち」の姿勢。左手を大きく後方から円を描くようにして、平拳打ちをする。立ち方は前屈立ちとなる。

41.「連続平拳打ち」の姿勢。左手はそのままの位置で、今度は右手を後方から大きく円を描くようにして平拳打ちをする。
　＊平拳打ちはできるだけ肘を伸ばし、後方から大きく円を描くようにし、また体の線から横に出ないようにすること。

42.「技のつなぎ」の姿勢。諸手を左側に大きく回しながら左上腰に取り、構えの体勢となる。

43.「突き」の姿勢。右腕受け、左上段突きを一動

作で行なう。

44.「技のつなぎ」の姿勢。右足を引き寄せながら、諸手は大きく右方向に回しながら右上腰に取る。閉足立ち、左半身となる。

45.「突き」の姿勢。左足を踏み出し、前屈になると同時に、左腕受け、右上段突きとなる。
　＊左足は体の線上を外れないように一直線に出す。攻防一如の技であるので、この運足と体の開き具合はとくに重要である。

46.「技のつなぎ」の姿勢。左足を引きながら、諸手を左上腰に取り、構えの姿勢となる。閉足立ち、右半身となる。

●反対側

40

41

42

43

44

45

47.「突き」の姿勢。写真 43 に同じ。

48.「体かわし腕受け」の姿勢。左足を右足の横一
　　直線上のところに運足しながら、右手は肘を
　　伸ばしたまま大きく後ろから正面を向きつつ
　　円を描くようにし、体かわし腕受けとなる。

49.「体かわし腕受け」の姿勢。そのままの足位置
　　で、体を左から右にかわしながら左腕受けと
　　なる。

50. 「手刀受け」の姿勢。猫足になりながら左手刀受けとなる。

51. 「手刀受け」の姿勢。左足を一回右足のところに寄せ、今度は右足を半歩右45度の方向に進め、右手刀受けとなる。
　　＊目・足・手・体が一体になるよう練習すること。すなわち、「受け」であると同時に「攻撃の構え」でもある攻防一如の姿勢であり、またあらゆる技への起点のできる姿勢でもあるがゆえに、心して練習すること。

52. 右手・右足を引き寄せて足は閉足立ちとなり、手は甲を下にして右手甲を重ねて乗せるよう

に体の中央に戻し

53. 「終わり」の姿勢。静かに両手甲が前方に向くように下ろして終わる。

琵琶湖にて　2006年

パッサイの型の分解

支え腕受け → 突き

（型写真 2 〜 4）

① 構え

② 中段突き攻撃に対し体をかわしつつ支
　え腕受けをする
③ すかさずすべらすようにして相手に突
　きを入れる

支え腕受け → 投げ

② 中段突き攻撃に対し
　体をかわしつつ支え
　腕受けをする
③ 突きを肘で返しなが
　ら
④⑤ 投げに入る

上げ受け → あご突き

（型写真 9 〜 10）

①

②

③

① 構え
② 上段突き攻撃に対し、両手を胸元で交差させながら左手の上げ受けで防御
③ すかさずあご突きで攻撃

（注意）
　②の時、決して手で受けるのではなく、肩と肘で受けるようにする。ただし内面的な動きであること。

回し取り → 投げ

（型写真 15 〜 16）

①

②

③

④

⑤

① 構え
② 中段突き攻撃に対し両手を大きく回し「回し取り」の姿勢となり
③④⑤ 投げに入る

体かわし突き → 腕受け → 中段突き

（型写真 16 〜 19）

①

②

③

④

①構え
②中段突き攻撃に対し、かわし突きをする
③かわし突きの姿勢のまま右腕受け
④体を正面にもどし相手に左突きを入れる

下段払い → 手刀打ち

（型写真 21 〜 23）

①構え

①

②

②

③

③

②蹴りの攻撃に対し、猫足になりながら一歩足を踏み込み下段払い
③すかさず相手の首筋に手刀打ちを入れる

諸手上げ受け → 鉄槌 → 諸手突き

（型写真 30 ～ 32）

① 構え
② こめかみ打ちにきたところを、諸手手刀で受け
③ すかさず鉄槌で両横腹をはさみ打ちする
　＊この時、両肘の締めによって鉄槌をすることが重要）
④ すかさず諸手突きを入れて極める

（注意）
　②③④の動作は一連の動きで、かつよどみがあってはならない。
　よどむと相手に反撃のチャンスを与える結果となるので注意すること。

手刀受け → 両手取り → 膝裏へ蹴り・投げ

（型写真 24 ～ 27）

① 構え
② 中段突き攻撃を猫足になりながら手刀受けをし
③ 手刀受けした手はかけ受けにしつつ、右手は体の入れ込み（足は交差立ち）と同時に相手の脇へ入れ込む
④ 足関節へ足刀を入れる。その瞬間両手は足刀の方向と反対方向へ強く引く
⑤⑥ 投げに入る

内払い → 金的打ち
（型写真 33 ～ 35）

①

②

③

① 構え
② 中段突き攻撃に対し体かわし下段払い
　で入り
③ 金的打ち攻撃をする

手刀受け → 三日月蹴り → 肘当て → 裏拳 → こめかみ打ち
（型写真 36 ～ 41）

①

⑤

②

⑥

③

⑦

④

① 構え
② 中段突き攻撃に対し手刀受けし
③ すかさず三日月蹴りをする
　＊この蹴りは足の裏面、とくに
　　踵に気を入れると効果がある
④ 三日月蹴りの足をおろすやいな
　や、肘当てを入れる

⑤ すかさず肘当てから裏拳
　打ちをする
⑥ さらに、左手を後方から
　円を描くようにして、顔
　面に平拳打ちをする
⑦ 次に右手も同じく後方か
　ら円を描くようにし、顔
　面平拳打ちをする
　＊⑥⑦は連続で行なうこ
　と

腕受け・山突き

（型写真 44 〜 45）

①

②

③

① 構え
② 中段突き攻撃に対し一歩入り込むと同
　時に
③ 受け、突きの攻防一如で極める

パッサイの型の分解（演武：座波仁吉・宇城憲治）

支え腕受け → 突き・投げ
（型写真 2 ～ 4）

上げ受け → あご突き
（型写真 9 ～ 10）

（投げ）

（突き）

下段払い

（型写真 21）

掌底払い

（型写真 22）

手刀受け → 両手取り → 膝裏関節蹴り

（型写真 24 〜 27）

（反対側から）

諸手上げ受け → 鉄槌	手刀受け → 三日月蹴り → 肘当て	裏拳 → 左回し打ち → 右回し打ち
（型写真 30 〜 32）	（型写真 36 〜 38）	（型写真 39 〜 41）

山突き

（型写真 43）

セイサンの型

攻防一如を特徴とし
緩急の動きを身につけるべし

十
三

セイサンの型

　「セイサン」は攻防一如及びはずし技を特徴
とします。とくに攻防一如は武術を学ぶ上で
もっとも大事な基本となるので、必ず身につけ
なければならない技です。写真はストップモー
ションのため、その特徴が示せないのが残念
ですが、攻防一如、すなわち、突き・受けが
“一^{イチ}”の動作であり、しかも瞬間的な“一”の
動作であります。さらに古伝空手の突きの妙味
もこのセイサンの型によって初めて味わうこと
ができます。

　型の中ではずし技を具体的に示しているのも
この型の特徴で、身体が一つになっていないと、
なかなかはずしが効かないので分解組手で十分
その研究をします。さらに型にもその雰囲気が
出るようになると、この型の味が出てきます。
また、突きと蹴りを一挙動で行なうのもこの型
の特徴です。

　型でもっとも大事なことは、技の動作がつな
がっており、かつ“極め”があるということで
す。極めというのは柔の中の剛から生まれます。
剛と言っても力が入っていては剛にならないの
で注意が必要です。

　これまで五つの型を紹介してきましたが「な
ぜ、型なのか」──。

　結論から言いますと、型とは技の修得度合い
のモノサシになり、相対的から絶対的への心の
変化を起こし、かつ心技体一致に導いてくれる
ものです。そしてやればやるほど、その深さが
分かるのも型なればこそです。

セイサンの型

1. 用意。足は結び立ちで、手は開手で軽く交差させる。
2. 足は結び立ちから、踵を左右に押し広げるように「ハの字」立ちとなる。両手は体の横前方に肩を落とし、絞り広げる感じで行なう。
3. 右足前「サンチン立ち」となると同時に、諸手腕受けの姿勢となる。
   ＊体の正面で両手を交差させて腕受けを行なうことが肝心である。
4. 左肘を体に添わせて引き手をして、突きの構えとなる。写真4、5、6は一挙動作となる。
5. サンチン立ち、左逆突きとなる。

6. 突き終わると同時に腕受けとなる。
   ＊脇を締めて突きをすること。スピードをつけるために体をしゃくったり、また拳に引っ張られたりしないこと。写真4、5、6の動作はセイサンの特徴でもあるので、十分練習をし身につけること。すなわち、攻防一如の技である。

7. 左足を進めてサンチン立ちとなる。
8. 右手を引き、突きの構えの姿勢となる。写真8、9、10は、一挙動作となる。
9. サンチン立ち右逆突き。
10. 突き終わるやいなや腕受けをする。
11. 右足を一歩進めて右サンチン立ちとなる。
12. 「技のつなぎ」の姿勢。左手を引き
13. 左逆突き、サンチン立ち。
14. 水月のあたりで、掌底を軽く合わせるように次の攻防一如の構えとなる（ただし動作は連続している）。
15. 右掌底突き、左掌底押さえ受けの攻防一如と

なる。
16. まず左手刀受けをする。写真16、17、18、19は一挙動作となる。
17. 右手刀受けとなる。
18. 両手を交差させながら諸手手刀受けのつなぎの姿勢。

19. 諸手手刀受けとなる。

20. 右足で踵蹴りすると同時に諸肘突きを行なう。

21. 「はずし」の姿勢。

22. 「はずし」の姿勢　写真20に同じ。

23. 「はずし」の姿勢　写真21に同じ。

24. 「はずし」の姿勢　写真20に同じ。

25. 「はずし」の姿勢　写真21に同じ。

26. 右上腰にすくい取りして両手を引きつける。

27. 足刀蹴りするために十分足を引き上げる。

28. 相手の膝に足刀蹴りをする。

29. 両手を体の正面で交差させるとともに後ろを
　　向き、肩を絞る感じにする。

30. 左手首があごの線あたりまで掌底を上にして
　　持っていくと同時に、右手は肘を伸ばし後方
　　に持っていく。

●反対側

29   30

31. 左手首を返しながら肩を広げるようにして左斜め方向に持っていく。

32. 右足を一歩進めながら両手は体の前で交差させるとともに肩を絞る感じにする。

33. 右手首があごのあたりにくるまで右手掌底を上にして持っていく。

34. 右手首を返しながら肩を広げるようにして右斜め方向に持っていくと同時に、左手は肘を軽く伸ばし後方に持っていく。

35. 左足を一歩進めて「はずし」の姿勢につなぐ。

36. 写真30に同じ。

37. 写真31に同じ。

38. 右足で円を描くようにし、また同時に右手も大きく円を描くようにして、平拳打ちをする。
  ＊足と手と両方が円を描くようにするとよい。足の動きが手の動きを助けてくれる。このような相対する動きを身につけることも宇城空手の特徴なので、十分心して練習をすること。

39. 左逆突き。

40. すかさず右順突きをする。
  ＊連続突きの要領については「クーサンクー」のところで説明しているので参考にすること。

●反対側

31

32

33

34

35

36

37

41. 右下段払い。
42. 足刀蹴りすべく、右足を十分引き上げている。
43. 足刀蹴り（足刀で相手の膝を落とす）。
44. 足刀蹴りをした右足を着地させるやいなや、猫足立ちになりながら左手刀受けとなる。
45. 手は大きく円を描く感じで
46. 半歩前に出ると同時に平拳打ちをする。または掴み取りする。
47. 平拳打ちをするやいなや右逆突きをする。
48. その場での左順突き。
49. 腰を入れ込んで右逆突きをする。腰を十分入れ込むため、足は交差立ちのような感じにな

る。
50. 逆突きの姿勢のまま下段落とし。

＊写真49、50から分かるように、肩を動かしていない点に注意すること。すなわち肩を絞って下段落としすることが肝心である。
51. まさに足蹴りをせんと引き足をしている。
52. 足刀蹴りをする（足刀で相手の膝を落とす）。

53. 足刀蹴りの足が後ろ方向に着地するやいなや、四股立ちになると同時に左手は「手刀落とし受け」右は「あご突き」をする。
　＊左手と右手の力のバランスをうまく利用する。
54. あご突きの姿勢のまま、横裏拳打ちをする。
　＊「あご突き」と「裏拳打ち」ははっきり区別して、その技の特徴を出すように練習すること。
55. 四股立ち、右下段払い。
56. 横突きをする。
57. 右足を十分引き上げてから

58. 足刀蹴りを行なう。
59. 「手刀落とし受け」の姿勢。右足が着地するやいなや、猫足立ちとなりつつ
60. 手刀落とし受けをする。
　＊型の上では柔らかくゆっくり手刀落とし受けをする。
61. 脇腹をこするようにして両肘を引きつける。
62. 右貫手と同時に右正面蹴りをする。左手は右手に上から添える。

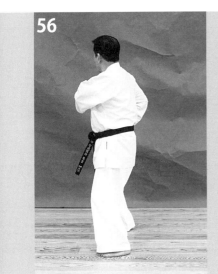

56

57

61

62

●側面

53

54

55

56

57

58

63. 蹴った足をおろしながら交差回し手刀受けに
　　入ろうとする。
64. 虎口の攻撃に入ろうとする寸前。
　　＊右手、左手とも手首が十分返っていること。
65. 右手は掌底で顔面を攻撃し、左手は掌底下段
　　攻撃。
66. 水月の前で開手で交差させながら、「終わり」
　　の姿勢に移る。
67. 終わり。

琵琶湖にて　2006年

セイサンの型の分解

腕受け → 突き
（型写真 4 〜 10）

① 構え

② 腕受け
③ すかさず突きを入れる

掌底受け・掌底打ち
（型写真 14 〜 15）

① 構え
②③ 中段突き攻撃に対し、左手で払いつ
　　つ、右手掌底で顔面に極める

平拳打ち → 連続突き

（型写真 38 〜 40）

①

②

③

④

⑤

① 構え
②③ 中段突き
攻撃に対し、
外 か ら 円 を
描 く よ う に
し て 平 拳 打
ち を 極 め る
④⑤ すかさず
相 手 の 脇 腹
に 連 続 突 き
を 入 れ る

金的蹴り → 中割れ → 肘突き

（型写真 20 〜 21）

①

① 後ろから抱き込まれる

②

②

（横から）

③

③

④

④

② 右足の踵で相手の金的に蹴りを入れると同時に諸肘突き
を行なう
③ はずしの姿勢を取り
④ 右肘突きを入れる

両手はずし → 肘突き

（型写真 29 ～ 31）

① 後ろから抱き込まれる
② 両手を体の中央に寄せ
③④ 左手は肘のところを中心に腕を
　曲げつつ肘を張りながらはずす
　右手は後方に回し相手の金的を掴
　む
⑤ 右肘突きを入れる

（横から）

下段払い → 関節蹴り

（型写真 50 ～ 52）

① 構え

② 中段突き攻撃に対し下段払い（相手の
　蹴りを落とす）で防御
③④ 相手の右関節に足刀蹴りをする

あご突き → 裏拳

（型写真 53 〜 54）

① 構え

②

③

② 中段突き攻撃に対し、直角に入り込み
　左手は体の中心にあり、相手の攻撃を
　かわし
③ 右あご突き、裏拳をする

貫手・蹴り

（型写真 59 〜 62）

① 構え

②

③

④

② 上段突き攻撃に対し左手で防御しつつ
③ 右手貫手を入れ
④ 蹴りを同時に極める

セイサンの型の分解 （演武：座波仁吉・宇城憲治）

掌底打ち
（型写真 15）

平拳打ち → 連続突き
（型写真 38 〜 40）

はずし
（型写真 32 〜 34）

（横から）

あご突き → 裏拳打ち

（型写真 53 〜 54）

貫手・蹴り

（型写真 62）

分解組手には、基本分解組手、変化分解組手、応用分解組手があり、基本分解、変化分解は、さらに表分解と裏分解に分けられます。

基本的に裏分解は、表分解の修得の度合いを検証するために行ないます。同時にそれは表分解側の防御ともなります。

宇城空手の型には、表と裏の技があり、裏は表ができてから学ぶことによって、型の更なる奥深さを教えています。

ここではその一例を紹介しています。

| セイサンの型　両手はずし | （型写真 32 ～ 34） |

（表分解）　　　　　　**（裏分解）**

①

①

②

⇔

②

③

③

突きを右平手で受け上げ、回転し突き

④

はずし → 肘突き

（裏分解）

① ② ③ ④ ⑤ ⑥ ⑦

後ろから抱きかかえられたままの状態で、
正面からの攻撃を右平手で受け上げしつ
つ、同時に後方の抱きかかえをはずし、肘
突き、同時に前方の相手を投げる

第3章

呼吸力

呼 吸

武術における呼吸とは

呼吸とは息を吸ったり吐いたりすることで、我々が生まれた瞬間から誰に教わることなく自然にやっていることであり、これほど自然なものはないはずです。

ところが、呼吸は身体・心と大きく結びついています。呼吸は自然なものでありながら、その乱れは、心の乱れ、身体の乱れを起こします。また、呼吸が止まるということは死をも意味します。このように呼吸は非常に重要なものです。

武術における呼吸は、奥義中の奥義と言われています。呼吸を極めていくことは最終的には武術を極めると言っても過言ではありません。武術における呼吸は日常の呼吸とは異なります。また、一般的な胸式呼吸や腹式呼吸などの呼吸法とも異なります。

武術の世界には昔から「心身一致」「剣体一如」など、心と身体の一致あるいは身体と動きの一致などの教えがいろいろ言い残されています。その本質とするところは呼吸にあります。

武術における動作及び力は、呼吸を根源としたエネルギー的なものです。当破（突き）は肘のバネと呼吸によるエネルギーの爆発であり、ゼロの力は呼吸による相手との調和であり、居付きのないスムーズな動きは呼吸による身体の統一であり、相手を気で押さえるのは呼吸による身心の一致と集中力によるものです。このように呼吸は非常に重要なものです。

呼吸の実践

宇城空手では沖縄古伝の型サンチン、ナイ

ファンチン、クーサンクー、パッサイ、セイサンの五つを指定型とし、これらの五つの型からそれぞれの個、自分に合った術技の創出、すなわち形化へのプロセスが体系化されており、そのプログラムが準備されています。最初に学ぶのは、五つの型のうち唯一、呼吸を見せて行なうサンチンの型です。

サンチンの型の動作は、呼吸に合わせてゆっくりとやります。ゆっくりやることによって呼吸と型を合わせていきます。呼吸というのは奥が深く、呼吸と型が一体化し、自然体になるには毎日の稽古の積み重ねが必要です。

サンチン以外の型は隠し呼吸と言って、サンチンのように呼吸を見せることをしませんが、やはり呼吸と型が合わないと、型の中の技に勢い・瞬発力が生まれません。

型を稽古している時、呼吸をそれほど気にせずにやっている人、また単に口で吐く・吸うのリズムでやっている人を多く見ますが、術技の根源は呼吸にあるので、師について正しい呼吸を学ぶことが絶対必要だと言えます。この点はよくよく注意する必要があります。

座波先生は、型をやる時は「技が前に出るように稽古しなさい」と指導されました。それは一般的には力が前に出る型稽古になるからです。そのほうが稽古しやすく、力を取りやすいからだと思いますが、武術に必要な術技及び瞬発力や極めは、力に頼らない、つまり力を引っ込めて技を前に出す稽古をしない限り、身につくものではありません。

型において、その力をいかに引っ込めるかに難しさがあります。子供の型が美しいのは、子供に力の概念がなく、素直にやることで技が前に出てくるからだと言えます。武術空手の型を身につけると、子供といえどもその技は柔らか

く弾力性があり、極めがあり、瞬発力があります。逆に力が前に出る型は硬くて小さく勢いがありません。

　実践で使える人は、柔らかい型をする人であると座波先生はよく言われました。力が全面に出ている型をしている間は、武術の呼吸法を身につけることはできません。

　呼吸は「吸う」「吐く」「止める」の三つしかありませんが、宇城空手では「吐く」が主体です。呼吸は吐きながら身体の各部位を一つにし、動きにひっかかりがないようにし、腹部の上下の圧搾と、水月（みぞおち）のゆるみによって動作の極めを作ります。そのことによって呼吸と身体の一致が生じ、瞬発力、極めが生まれてきます。

　呼吸は単独に存在するのではなく、また呼吸だけで身体をリードできるわけではありません。身体と呼吸の一致によって、身体の各部の融合が起こり、身体の内面はゼロ化されていきます。これが実践において居付かない自由を得るための絶対条件です。また相手の動きを捉える観の目、気というのも、このゼロ化による身体の集中力から生まれてきます。

　これらのことは、型と分解組手（型からの形化へのプロセス）を通して可能となります。いずれにしろ、伝統の型がすべての根源となります。すべての「知」は型にあり、ということです。

　「呼吸」と「気」はまさに奥義の中の奥義であり、武術における真髄とも言えます。それを学ぶにあたっては目に見えず、また言葉で表現することも一触も難しいため、その修得には困難を極めるように思われます。しかし、もつれた糸束と同じで、「少しずつほぐしていくうちに絡みが取れて、スーッと解けていく一本の糸のようなもの」（座波先生がよく言われていた言葉）

であるということです。

　これらのことは決して知識的な理解ではなく、気づきであり、悟りであると言えます。

　呼吸を中途半端な捉え方で稽古すると、術技の上達に対して非効率的となり、できるはずの術技が永遠にできなくなる危険性があります。型を通して正しい呼吸を稽古をすることで、術技の中に呼吸が生き、呼吸による身心の一致によって集中力が生み出されます。この集中力の度合いこそが「気」となります。

① 組手における呼吸

　組手の攻防、相手の突きや蹴りに対しての防御は、瞬間、相手の呼吸を読んで入り込みます。すなわち、相手の呼吸の中に入り込むというものです。相手の呼吸を読むには自分の呼吸が当然できていなければなりません。

　とくに攻防一如の術技は、呼吸が漠然としていてはできません。呼吸と言えば、口で吸う、吐くのように思われがちですが、口からの呼吸はしていても体の呼吸ができていないと息苦しくなり、当然身体の動きはうわずって軽いものになります。また、腹に力を入れ、気合充分に打ち込む突きは威力がありそうですが、それ程効きません。それは、たいていこの時息を止めてやっているため身体が居付き、真の威力にならないからです。さらに、このような突き・攻撃はわずかの見切りでスカをくらってしまいます。それは息を止めているため、身体の居付きが生じ、突き・攻撃に伸びがないからです。

　このように呼吸ができていないと、いろいろな不都合が出てきます。それは体のしゃくりであったり体のねじれであったり、突き、打ちの瞬発力の無さなどに見られます。

　たとえば呼吸ができていないと攻撃の瞬間、

事の起こりが読まれやすくなり、動いた時は相手にすでに入り込まれるということになります。

また呼吸ができていないと、身体がバラバラとなり、動きと突きが別々になるといったことが起きます。たとえば順突きであれば、まず右足を出しながら同時に突くわけですが、この時一歩前に踏み出す右足と突きとの一挙動が重要です。踏み込みと突きが別々になっている二挙動では相手にさばかれるからです。

踏み込みと突きの一体化は型の中でたくさん出てきます。その一体化を型と型の分解組手の繰り返しのなかで身体に刻み込んでいくことが重要です。踏み込む時は呼吸を止めずに身体での呼吸が重要です。呼吸は奥が深く、呼吸を進化させていくことによって、相手が打ち込む前に、勝負をつけることができるようになります。そしてそのような段階では、相手は入り込むことさえ難しくなってきます。

② 拳の伸び

武器の場合は武器そのものの長さは一定で伸び縮みすることはありません。しかし素手の空手の場合は拳が伸びるので、その距離は掴みにくくなります。ここに沖縄古伝空手の魅力があります。写真【A】【B】は拳が伸びることを示したものです。

写真【A】の相手は私より身長が8センチ程高いのですが、それにもかかわらず、相手の拳は届かずこちらの拳は届いており、そのまま入り込める状況を作っています。これは呼吸法による身体のあり方によるものです。

座波先生は私より15センチくらい低いのですが、先生の拳も届きます。とくに裏拳は伸びてきます。それに瞬発力とスピードがあるので、こちらが攻撃した瞬間、防御する間もなく反撃をくらっている感じとなります。昔はそれが不思議で、先生と手の長さを比べてみても私のほうが長いので考え込んだものです。

ナイファンチンの諸手突きから裏拳打ち、あるいは肘当て、手刀打ちなど連続で行なうためには、身体の呼吸ができていなければなりません。すなわち、相手の呼吸の中に入り込むような呼吸ができていなければなりません。当然、技と技の間で呼吸が変わればそこで終わりとなり、その瞬間相手の反撃がきます。一つの呼吸、すなわち口の呼吸ではなく身体の呼吸ができていると、相手の反撃は後になります。

写真【B①】はナイファンチンの分解組手における諸手突きを示したものですが、諸手突きの裏に裏拳打ち【B②】が隠されていることが必要です。「攻撃は最大の防御なり」とはまさにこのことで、攻撃、攻撃になっているため、相手は反撃ができなくなります。こういうところを基本や分解組手で徹底して稽古することによって、それが組手の「先を取る」につながり、生きてくるわけです。

腹筋・背筋から腹力・背力へ

写真【C】は、呼吸で稽古した結果、水月を棒で力一杯押し込まれても腹力で押し返すことができる例です。筋力で棒を押し返そうとすると呼吸が詰まり、押し返すことができません。さらに棒と水月の接触点に衝突が起きるので、痛さが出てきます。

身体の諸動作において重要な要素に、腹力・背力があります。腹力・背力というのは、私たちが二本足で立った時点で、誰にも自然に備わっているものですが、スポーツであれ武術であれ、腹力・背力が弱いと身体に芯が作れませ

【A】

〈 拳の伸び 〉
① 相手の四股立ち正拳突きを拳一つはずして、四股立ちする
② 位置を変えずに正拳突きをする。相手に届くと同時に拳は触れているように感じるが、すでに貫通力が働いている

【B】

① ナイファンチンの諸手突き
② 諸手突きから位置を変えずに裏拳打ちしているところ
＊①のナイファンチンの諸手突きから、②の裏拳打ちの連続において、諸手突きから裏拳突きの呼吸が一つでないと、諸手突きの位置から裏拳打ちに入っても裏拳が届かない。

【C】

〈 腹力 〉
① 棒を水月に押し込んでいるところ
② 押し込まれた棒を腹筋ではなく、呼吸力の腹力で跳ね返している

ん。芯なくしてはどれ一つとっても極まるところがありません。微妙に身体が動いたり、ぶれたり、ねじれたりして不安定です。

　型や組手の上手な人は、腹力と背力によって腰が据わっており、芯があり、安定しています。実際、腹力・背力を鍛えることによって、目に見えてそのような効果が出てきます。このように腹力・背力を鍛えることは重要ですが、スポーツと武術においては、その内容に大きく異なるところがあります。それは腹力・背力の根源の違いです。

　スポーツの場合、腹力・背力の根源は「筋力」です。「腹筋・背筋」という言葉はまさにそのことを表現しています。一方、武術における腹力・背力の根源は「呼吸」です。つまり筋力トレーニングではなく、呼吸法によって腹力・背力の強さを創り上げていくということです。

　筋力を根源としたトレーニングは若い時はいいかもしれませんが、年を取ると筋力は衰えていきます。また筋力を根源としたトレーニングには副作用があります。それは力に依存する空手になるということです。力の空手は居付きを作ります。またスピードが遅くなり瞬発力を出せません。力に依存する空手は短期間で鍛えられますが、短期間しか維持できないのも現実です。

　また筋力トレーニングには、どうしても部分鍛錬になる傾向があります。部分を全体として

統合するには、無限の要因がからみ合って難しく、統一体を創ることができません。それは身体の自由が得られないことを意味します。この点に筋力トレーニングのさらなる課題があると言えます。

　武術空手の場合、力に頼らない威力、動き、スピード、及びゼロの力、居付きのない動き、瞬発力などが求められます。その大本は呼吸を根源とする腹力・背力にあります。口で吸う、吐くの段階からスタートし、さらに身体での呼吸法を身につけ、身心の調和を呼吸によってはかられるようにすることが重要です。呼吸を根源とした強い腹力と背力そして水月のゆるみがあってこそ、剛柔の身体を創ることができ、武術空手の絶対条件である攻防一如の術技が可能となります。

　さらに呼吸を根源とした稽古は、常に全体という認識を与えてくれます。それは呼吸によって創り上げられる統一体からくるもので、全体の連携を忘れず、また個々の部分に脱線せぬよう見守ってくれていると言ってもよいと思います。また呼吸の充実によって統一体としての集中力がアップします。そして呼吸を根源とした稽古は年を重ねるほど強化されていきます。ここに武術としての大きな特徴があります。

無から有へ、有から無へ

　「型」というのは無形です。しかし稽古によって型から自分に合った技を生み出した時、すなわち形化された時、型は自分の中に有形となって存在します。つまり自分の中に今までなかった技が創出されたということです。これが無からの有です。

　一方、武術にとってマイナスになる「居付き」

「力み」などは、有から無にしなければなりません。この有からの無もまた、型を通して可能になります。それは型が非常によくできているからです。

　型は、生か死かの場を通して創出された極意の集積と言えるものであり、また相対的構図をとっているように見えるものの、その本質は絶対的構図になっています。絶対的構図とは相手との攻防において衝突を主体とするのではなく、相手との調和・融合を目指すものです。調和・融合の攻防とは、「事理一致」のことであり、事とは手足の動き、技のことであり、理とは理合であり、心の働きのことです。この事と理の一致によって調和・融合の攻防が可能となります。

　具体的には、相手のゼロ化であり、自分のゼロ化です。相手のゼロ化とは、相手を虚にし無力化することです。自分のゼロ化とは、身心ともに自由化されるということです。

　無形文化というのは、無形の「型」を有形の「型」にして初めて継承できるものです。すなわち、不変の「型」から自分自身が使える術技・「形」にすることによって、型は無形から有形になり真の型となり得るということです。単に型を継承しても、それは順序だけの型を継承することになり、型は形骸化して、その時点で終わりとなります。型の継承の意義と責任はここにあります。

第4章

宇城空手の特徴「ゼロの力」

ゼロの力

三つの「ゼロの力」

　空手の組手の攻防において、よく見られるのが力対力の攻防です。力対力の攻防は相手との接触点において衝突を招き、力の衝突は当然身体の力みにつながり、居付きが生じます。その結果自由がきかなくなり、攻防におけるスピードは落ち、攻撃にしても瞬発力がなく威力は落ちます。また、このような攻防では力のあるほうやスピードのあるほう、また運動神経のあるほうが有利になり武術的とは言えません。武術的な攻防は力に頼らないことが重要です。そのためには相手と自分との接触点において、あるいは接触面において、相手に自分の力を感じさせないことが必要です。それが「ゼロの力」です。すなわち、接触点において力を感じさせない「ゼロ」と、その状態で相手を処理するエネルギーの二つが一つとなって「ゼロの力」となるわけです。

　この「ゼロの力」には相手の力を吸収する力、相手の力を吸収しながら押し返す力、相手の力に対して貫通する力の三つ【図11】があります。この「ゼロの力」の三つの手法を身につけることによって、相手との攻防における力対力の衝突はなくなり身体の大小、性別、年齢を問わず、相手に対して有利に立つことができます。

　そしてこの「ゼロの力」を身につけると、力やスピード、運動神経などに頼らずに相手に対応できます。それが武術的な術技と言えます。外面的な無力化のテクニックとしては円動作であったり、角度であったりもありますが、内面のゼロ化には及びません。

　すなわち衝突の空手ではなく、ゼロの力を生

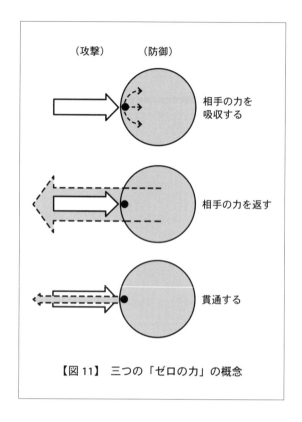

【図11】　三つの「ゼロの力」の概念

（図中）
（攻撃）　（防御）
相手の力を吸収する
相手の力を返す
貫通する

む調和・融合の空手こそが本来の空手と言えるのです。究極のゼロの力は「先を取る」ことによってさらに高次元の術となります。

相手のゼロ化、自分のゼロ化

　「ゼロの力」とは、一方で相手を無力化させることでもあります。つまり、相手との攻防において「ゼロの力」によって対応すると、相手は同時に無力化された状態になります。

　その無力化された相手は居付いた状態になります。そしてこの無力化され居付いた状態を「死に体」と言っています。この「死に体」に攻撃をしかけるわけですから、非常に危険を伴います。したがって攻撃は「止める」ことができるのが絶対条件となります。

　相手のゼロ化は、相手を「死に体」にするこ

とであり、自分のゼロ化とは自分の身心の自由を言います。これが武術の本質です。

ゼロ化の組手（78頁や182頁）は、相手の突き攻撃に対し、平手で軽く触れるゼロの力によって相手を無力化し居付かせる内容です。したがってその状態からの対応は自由となるので、投げに入ったり関節技をかけたりして極めます。もちろんその状態からの突き攻撃は言うまでもありません。

相手の突き攻撃を力で受けにいくと、相手の勢いは止まらず二の手が出てきます。そして互いに力勝負になっていきます。

相手のいかなる攻撃に対しても、「ゼロの力」によって無力化し、二の手を封じ、相手を制することが重要です。

沖縄空手の突き「当破」と「入り込み」

「ゼロの力」での突きは、軽く当てるだけでも力が貫通し、腹部に当てると背中まで突き通る感じです。ミットなどを腹部に当ててその上から突きを入れるとよく分かります。ミットを力が貫通していくため、ミットがガードになりません。一方、力で思い切り打つと、ミットがガードになり、腹部への打撃力は落ちます。

その「ゼロの力」の突きに瞬発力を合わせたのが、「当破」と言われる沖縄古伝の突きになるわけです。「ゼロの力」からの突き込みが、「入り込み」と言われる、やはり沖縄古伝の突きのことです。瞬発力の突きといえども決して力で突くものではありません。

「ゼロの力」が進化すれば接触点を作らなくとも、すなわち離れていても、相手を無力化できるようになります。こういうところに武術稽古の妙味があります。

「ゼロの力」の創出

それでは「ゼロの力」のような術技はどうして創出されるのか、またどうしたら身につくのかということになりますが、術技というのは多くの要素が重なり合って創出されるものであり、一口で言えば「呼吸を根源とし、調和・融合をその究極とする」ことによって創出されると言えます。そのすべての知は型にあります。

「ゼロの力」の認識と修得の最良の方法は、できる人の一触を通して感じることだと思います。「ゼロの力」とは触れていながら触れていないという感触ですが、そのものを経験することです。その感触を一度経験するとその感触が残り、たとえば自分でできなくても相手に触れた瞬間、相手の力量を見抜くことができるようになります。また攻防一如の稽古では、「ゼロの力」の感触を手掛かりにしながら、「ゼロの力」を常に念頭において非可逆ステップアップの上達ができるまで繰り返すことが重要です。「ゼロの力」は呼吸とも深く関係していますので、呼吸力を身につけることも必要です。

実践を伴う世界においては、言葉より実践を通して体得できるシステムが重要となります。言葉はあくまでも補佐的なものです。しかし補佐的といえども、その言葉の実践が「普遍性、客観性、再現性」の三つを伴えば、その言葉は実践に対しての理論になります。

習い事の世界にはよく「口伝」という言葉が使われていますが、口伝は実践術技に対して普遍性、客観性、再現性があり、理論とも言うべきものです。古来の口伝には流儀独特の言葉があって分かりづらい一面もありますが、実践を通してみるとこれほど実践の内容を言い得た言葉はありません。だからこそ歴史の中で生き続

け、それだけの重みがあるのだと思います。

部分と全体

　使える術技というのは、部分の統合によってできるものではありません。まず全体があり、その連携構成として部分があり、この全体系のつながりの中で部分と部分が全体という方向に調和・融合する結果、使える技術が創出されると言えます。そのためには、少なくとも身体が統一体であることが必要です。

　使える術技とは、組手、自由組手で使えるということです。相手との調和・融合によって生まれる「ゼロの力」は組手、自由組手においてはあらゆる術技を効果的にする最良の方法です。それは相手と融合する、すなわち相手も含めた統一体になるからです。「ゼロの力」そのものは、それを求めて稽古しても意味がなく、全体系を通したひとつの結果として創られます。このように術技が創出されるには、体系化されたシステムが用意されていることが大事です。とくに高等な術技ほど連鎖は複雑ですから、体系化されたシステムやフィードバックのかかった繰り返しを通して、使える術技に収束させていくことが大切です。

　武術の術技というのは、現代という時代的環境の中では個人の試行錯誤やアイデア、気づきといった程度で修得できるものではありません。個人の力による修得にはかなり厳しいものがあります。

　そういう点からしても、伝統ある使える術技を身につけた師の一挙手一投足及び一触を手掛かりにして稽古していくことが、何にもまさる方法だと思います。

三つのステップとフィードバック

　【図12】は、「型→形→解放」「基本→技→術」「守→破→離」というそれぞれの三つのステップを示しています。それぞれの三つのステップを縦の列で見ますと「型＝基本＝守」「形＝技＝破」「解放＝術＝離」となり、それぞれ同じ意味合いがあります。

　つまり「型＝基本＝守」は、すべての出発点の原点であり、進む過程において迷ったら戻る、また戻ることによって再スタートできるところです。つまり守の段階です。さらに言えば一度進んで元に戻った地点は最初に出発した地点とは同じではなく、一歩進んだ地点にあります。これが真のフィードバックです。単に元に戻るフィードバックではなく、次のステップアップへのフィードバックとなっているわけです。

　ちなみに「守、破、離」は習いごとの世界ではよく知られた教えです。「守」の段階では基本を徹底して学ぶ。次の「破」の段階では他を研究したり、自分で工夫を加えるなどの研究、最終ステップの「離」は自己完成をはかる段階となるわけです。

　「守」は基本という位置付けにはありますが、「離」に至って初めて出発点としての「守」の深さとその重要性が分かります。すべては「守」にあり「離」といえども「守」があるからこそ、ということです。

　守としての師は永遠に師であり、永遠に追いつくことはないということです。たとえ師がやらなかったことがあって、それを自分ができるようになったとしても、その根源は「守」にあり「守」は師の教えであるということです。

　この「守→破→離」の「守」の概念は「型」

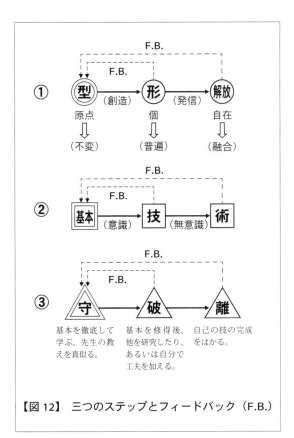

【図12】 三つのステップとフィードバック（F.B.）

あると思います。

術としてのレベル

武術空手における攻防の術技は、無意識に咄嗟に出る技、すなわち「術」のレベルにまで高める必要があります。そこに至って初めて自由組手などで使えるレベルになります。術のレベルに至るには、そのプロセスのあり方が重要になってきます。

「基本→技→術」あるいは「型→形→解放」というプロセスにおいて、「基本」「型」は自分だけで稽古できますが、その検証としての「技」は相手を必要とし、「技」は相手との約束された攻防のなかで完成されます。

相手の攻撃に対し、防御は「受け・反撃」が一挙動でなければなりません。この時の受けのあり方が非常に重要です。

「受けという言葉はあっても、受けという技はない」とは座波先生の教えですが、一般には受けという言葉の通り、受けという技になってしまっています。それは単なる受けであり、防御の技とは言えません。つまり、相手の攻撃を受けた時点で自分の技は終わり、逆に相手の二の手の攻撃をくらうことになります。あとは力対力のドタバタになっていきます。

これに対し、たとえば相手の攻撃を体の変化によってかわすと同時に反撃するのは攻防一如です。初心といえども一、二の攻防では稽古になりません。最初から一の攻防でなければなりません。また初心の頃は外形的なところから始めますが、次第に内面的なところでの攻防が先んじて後処理として極めがあるとなっていくことが肝要となります。このような術技は相手としては防御のしようがありません。このような

の概念でもあります。「型→形→解放」のステップにおいては、型にはめ込むことによって、結果的に型からの解放が起こります。伝統の型には知があり、知は実践の指針であり、その知と実践の実行によって武術に必要な術技が生まれてきます。それが型からの形化であり、型からの解放ということです。

「基本→技→術」における「基本」は繰り返しに耐えられるエネルギーを内包しています。繰り返すことによっていくらでもそこから技が創出されていきます。さらに身体を通しての繰り返しから創出された技は、無意識化された技、「術」に発展していきます。

無意識化された技は、身体を伴った繰り返しのなかで身体からの刺激が脳に与えられ続け、その結果、身体脳が開発されて生まれるもので

攻防一如の技を型から形への段階で身につける
ことが、自由組手で自在に出るレベル「術」と
なるわけです。受けを伴うような二挙動の動作
は「術」となることはありません。また「術」
は条件反射のレベルとも異なります。

型からの形

　型からの形化とは不変の型から自分に合った
技、すなわち普遍の形化を創出することであり、
組手によって検証することが重要です。

　「型なくして組手なし」と言えるくらい型は
重要なのですが、現在に見る空手は型と組手は
別もので、型の技は使えなくなってきています。
その要因の一つは、伝統ある型の多くが形骸化
してしまっているということです。最近の型の
あり方は型試合に見られるように、表演武用と
して見せる型、試合での成績を上げるための型
になっています。本来の型からは、その内容が
かなりずれてきています。これが形骸化の要因
です。型は一度その姿が崩れると元に戻ること
はあり得ません。そしてその時点で伝統の型は
終わりとなります。

　二つ目の要因は型から創出される技を検証す
るシステム、すなわち型に対する型の分解組手
が完全ではないということです。必要なのは型
から創出される技に対して、それらの技が使え
るかどうかを検証し、フィードバックが可能な
システムが用意されているということです。

　初歩の段階における基本組手、分解組手の攻
防は非常に重要で、ここの稽古方法を誤ると、
のちのちの組手、自由組手に悪影響を与え、技
術は活かせなくなります。よくある誤りは次の
ようなところです。

　基本組手、分解組手では攻防が約束されてお

り、とくに攻撃側のパターンが分かっています。
攻撃側の力量によってスピードが速いとか重み
があるとかの差はありますが、基本的に攻撃の
パターンは決められています。そうすると防御
側としては攻撃に対してタイミングを取りやす
く、「受け→反撃」という二挙動のパターンの
技で対処しても通用するわけです。

　基本組手、分解組手が次のステップすなわち
自由組手につながっていくためには、攻撃側は
真剣に、同時に防御を意識して攻撃することが
大事です。そういう真剣な攻撃を相手に稽古す
ることが、真の技の創出につながるからです。
したがって真剣な攻撃に対し受け側が、「受け
→反撃」のような二挙動で対応したら、即そ
れは防御され、その技が有効でないことが分か
ります。

　本来基本組手、分解組手のお互いの間合いは
決められており、決められた間合いの中での攻
防の稽古によって、技の無駄な部分が削られ、
型からの技が創られてきます。

　このように基本・分解組手のあり方がきちん
としたものでないと、のちのちの組手、自由組
手が思うようにならない、つまり使えないとい
うことになります。この点が非常に重要です。

　そういう点を工夫研究するのが稽古なのです
が、往々にして表面だけの工夫、稽古になって
しまっています。それでは型からの技が組手に
つながっていきません。

　宇城空手では古伝の型を原点とした稽古プロ
グラムが体系化されており、使える技の創出と
同時に、目に見えない技の創出、すなわち理合
や間合い、そして観の目、呼吸などの武術的要
素が学べるようになっています。

　稽古の最初の段階は、約束事の繰り返しの中
で身体を通して身体脳にインプットしていきま

す。身体から身体脳へのインプットは最初は意識して行なっていても、身体脳が開発された時点で無意識化することができます。繰り返し繰り返しやることによって身体脳が開発されると、非可逆ステップアップが起こり、その時点で自由にその技ができるようになります。それが「術」のレベルであるわけです。

約束組手と組手ではその内容においてかなりの差があります。約束組手の攻撃はパターンが決まっており、攻撃のスピードがいかに速くても、またいかに威力があったとしても楽です。相手の攻撃パターンを決めずに自由に攻撃させる組手とでは、その内容が全く異なります。ましてや攻防自由の自由組手となると、その内容はさらに異なってきます。すなわち、思い通りにならず自由が利かないということです。それゆえに、型を原点とした形化のところで自分に合った技の創出をしっかり稽古しておくことが重要です。その度合いが組手、自由組手でいかに使えるかのレベルになっていくわけです。

かと言って、自由組手を中心とした稽古だけでは技・術が創出されません。自由組手中心の稽古は、ある意味では、ルールの中でのもっとも合理的な一つのパターンに頼った組手になる傾向があるからです。

武術空手としての稽古は、伝統ある型から技を創出し、その技を使えるレベル、すなわち術にすることです。それは自分に合った個の形を創り上げ、かつ型、形から解放され自在になることであります。

組手において重要なことは、相手の攻撃をゼロ化することによって相手を無力化させ、かつ居付かせることです。もちろん一気にそのレベルまでいくわけではありません。上達の重要なポイントは、しっかりした稽古体系のプロセス

のステップを踏んでいるかどうかにあると言えます。

無力化のプロセスと事例

無力化させるとは、こちらの「ゼロの力」によって相手を一種の死に体状態にするということです。なぜそのようなことが起こるかと言えば、【図13】①相手の攻撃するという意識が脳で最初に作られ、②具体的な動きの攻撃となる。しかしⒶが「先を取る」と、相手の攻撃は止まってしまう。つまり「先を取る」術は「相手の事の起こりを押さえてしまう」ので、脳からの身体に対する命令もストップするわけです。

ふつう、自分の思いで何かをしようとする場合、その思いは意識として脳にいきます。そして脳からの命令によって行動が起こります。ところがその思い、意識をこちら側に押さえると、自分の思い、意識を実行させる脳へのルートが遮断され、相手は自分の思い、意思に反して、身体動作が実行できなくなります。つまり脳と意識の間で混乱が起こるわけです。

この脳に働きかける術こそがまさしく宇城空手の最大の特徴である「気」の働きです。その

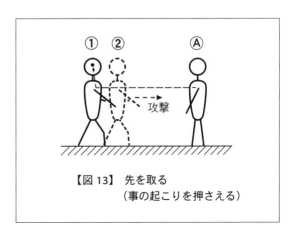

【図13】 先を取る
（事の起こりを押さえる）

結果としてのゼロ化です。すなわち意識はあるものの、自分の身体をコントロールできない状態になるということです。ここに至るのが、宇城空手の武術空手たる所以と言えます。

ゼロ化として次の事例があります。
写真①　組手におけるゼロ化（182頁）
写真②　いろいろなゼロ化（184頁）
写真③　木刀におけるゼロ化（186頁）
写真④　時空のゼロ化（188頁）

突こうと思って突き出した拳の場合は、突こうという意識が脳にいき脳から手に命令がいくわけですが、それと違う状況が途中で起こった場合、最初の命令のパターン以外は自由がないので対応することができません。したがって脳はパニックになり、次の行動への指示が出せず、居付いた状態が作られます。一般によく見られるコンビネーション的な攻撃は、最初の一発をゼロ化されると後は全く出なくなるということです。

このように相手の脳、意識への働きかけは、「ゼロの力」を生むのに有効な方法です。そして「ゼロの力」の術技が創出されるためには、絶対世界での稽古が必要です。そこには調和がその本質にあるからです。

相対的な状況下での攻防は、どうしても力の強弱、運動神経の良し悪しなどがバロメーターになります。それに比べ、絶対的状況下での攻防は相手との調和にあり、極めも調和の中から出てきます。その調和と調和からの極めが古伝の型には内包されているのです。

空手の蹴り

最後に蹴りの多様性を写真【蹴り】に示します。

蹴りは空手独特のもので、突きと同様非常に重要です。蹴りは股関節の柔らかさと膝のバネを使うことで威力が増します。蹴りは攻撃主体ではなく、防御専用と考えたほうがよいと思います。

写真【蹴りE】は蹴りの攻防一如を示したものです。相手の攻撃に対し写真のように蹴り上げることによって、攻撃と防御を兼ねているわけです。この蹴りは上段蹴りとは違います。

武術である以上、相手を倒してこそ防御になるわけですが、相手が読めるようになれば、相手に合わせることによって常に先を取り、相手を制することができるようになります。武術の究極は戦って勝つのではなく、戦わずして勝つというところにあります。そのためには、相手と調和することが必要です。

晩年の座波先生との組手において感じたことは、約束組手であろうが自由組手であろうが、先生の場合、常に自然体からの一撃なので、どこからどう攻めようが一発勝負になるということです。そのような武術組手における先生の姿に大いなる希望を見出したものです。

裏付けされた自信の中に、相手との調和・他尊があるからこそ、先生は自然体でおられるのであり、またその姿はすべてを解放し調和しているのだと思います。

武術空手の本質は、まさにそこにあるのではないかと言えます。

蹴 り

（A）下段蹴り

（B）中断蹴り

（C）関節蹴り

（D）踵蹴り

（E）蹴り上げ

ゼロ化の事例 ①　組手におけるゼロ化

相手の攻撃に対し、「先を取る」ことで相手を無力化できます。

相手は無力化されているので、その後の攻撃や投げは後処理としての技となります。

（1）

（2）

（3）

（4）

ゼロ化の事例 ②　いろいろなゼロ化

　「ゼロ化」は相手が1人でも4人でも多数でも同じようにできます。

　相手の人数は、技の度合いの検証として宇城空手では重要視しています。

（1）1対1 →

（2）1対4 ↓　　　　　　　　　　（3）1対多数 ↓

（4）膝押し

（5）膝蹴り

ゼロ化は、素手であっても武器を持っていても、本質は同じです。

（1）木刀（1人へのゼロ化）

（2）木刀（多数へのゼロ化）

（3）木刀（多数へのゼロ化）　　　（4）木刀（多数へのゼロ化）

ゼロ化の事例 ④　時空のゼロ化

対象に触れずに自在化します。

「気」によって触れずに動かしています。気はエネルギーを注入するので、列は止まることができず動き続けます。自分たちの意思ではコントロールできません。

第5章

空手と居合と気

──拳と剣と気の融合──

空手と居合の融合を可にした「気」

　現在、武道はスポーツ化され、その原点である武術性が失われています。その事は現在の試合を見れば明らかです。間合いを無視しての打ち合い、ピョンピョンと動き回る組手など、刀での立ち合いという視点からすればそこに武術性はなく、それは剣道にあっても同じです。

　私が空手に居合を融合させたのは、江戸時代の無刀の「戦わずして勝つ」というあり方を、今に活かしたいという思いがあったからです。すなわち素手の空手と無刀は「武器を持たない」ということでは同じ境地にあるからです。その融合を可能にしたのが私が独自に身につけた「気」とその活用にあります。武術の絶対条件である「先を取る」、すなわち事の起こりを押さえるには、「気」の活用は絶対です。むしろこの「気」の発見と開発があったからこそ空手と居合の融合、すなわち本来の武術性が可能になったと言えます。

　日本の歴史をひもとけば、安土・桃山時代の戦国時代から織田信長、豊臣秀吉を経て徳川家康の時代になり、それまで殺人の道具であった剣に禅の世界を入れることで、「殺す剣があるならば、封ずる剣すなわち殺さぬ剣があってもいい」と、剣禅が一致した「活人剣」が生まれました。

　つまり、人を殺める剣が禅と結びつくことで、そこに「人を活かす」という理念が生まれたわけです。

　その土台となったのが、陰流の祖である愛洲移香斎（あいすいこうさい）から上泉伊勢守信綱、そして柳生石舟斎に引き継がれていった無刀取りです。

　それは、「打って勝つは下の勝ちなり　勝って打つは中の勝ちなり　打たずして勝つは上の勝ちなり」という「戦わずして勝つ」という理念を体現する技でした。その禅と無刀取りという理念と技が260年以上という平和な江戸時代を築く土台となったわけです。

　誰でも殿様になれる時代が続いていては戦いが終わらないと考えた徳川家康は、徳川家で継いでいく仕組みに変え、さらに新陰流の無刀取りの柳生石舟斎を江戸城に呼び寄せ、刀を持たずに相手を制する術技を披露させて、これからの時代へのヒントを掴みました。まさにこの「戦わずして勝つ」の哲学とその具体的な術技が江戸時代の平和の構築につながっていったのです。

　宇城空手における「戦わずして勝つ」の理念と技も、私がこれまで流儀やジャンルを問わず世界チャンピオンクラスを指導するなかで必然的に得られたものですが、何と言っても宇城空手の最大の特徴は「気」の発見と活用にあります。

　宇城空手はこの「戦わずして勝つ」という無刀の理念と技を空手に融合させ、具体的な型による「ニュートラル化」と分解組手における技の「ゼロ化」という形で引き継いでいます。

　「述べて作らず古を好む」

　まさに歴史に学ぶことで今に生きる道筋が見えてきます。そしてそこに現在、未来への希望があります。

　それは、理屈ではなく、今に再現してこそです。

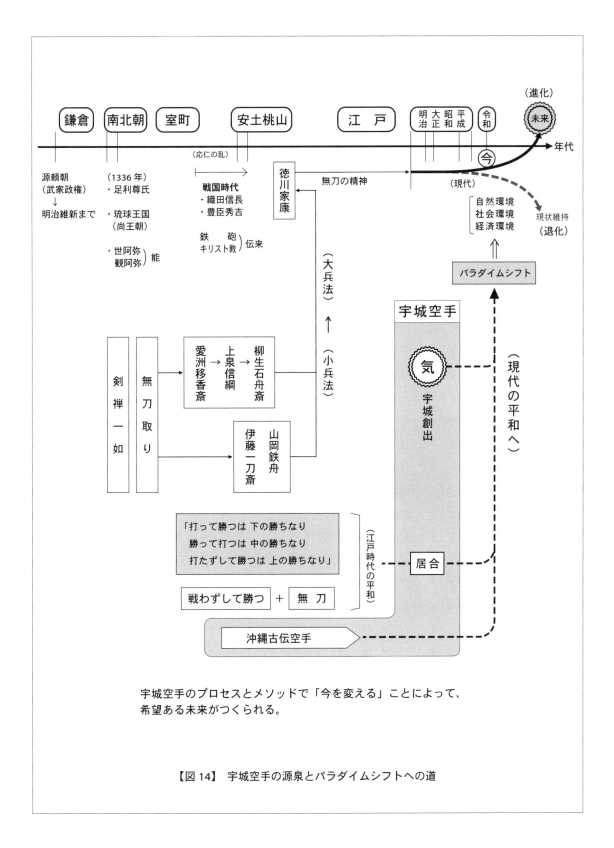

宇城空手のプロセスとメソッドで「今を変える」ことによって、
希望ある未来がつくられる。

【図14】 宇城空手の源泉とパラダイムシフトへの道

国際松濤館空手道連盟主催　第25回全国空手道選手権大会での居合模範演武　2005年

空手実践塾　2013年

第6章

高次元時空を生み出す「宇城空手」

──「気」とは──

エネルギーを生み出す稽古法
── 5次元時空に結びつく型

型のエネルギーを実証する「気」

　宇城空手の特徴は、単に空手の稽古にとどまらず、そこに人間の潜在力を引き出し、エネルギーを高めるメソッド・プロセスが構築されていることにあります。

　今の時代にあって「空手を何のためにするのか」また「どういう空手であるべきか」を追求する際には、その空手が伝統を踏まえた不易流行としての空手であることを、常に心しておく必要があります。

　現在はかつての刀などの武器を持って生と死を分かち合った時代とは違い、伝承の型や技から潜在力やエネルギーを引き出し、高次元時空へ向かう稽古法として進化すべきであり、それを可能にする根源に「気」があります。この「気」は宇城独自のものです。宇城空手は空手と居合と気を融合して今の常識や科学にない高次元時空を実現しています。

　高次元時空とは4次元時空に重力が加わった5次元の世界のことです。そう言えるのは「気」のエネルギーの働きで、現時空に変化（重力場）を創り出すことが実証できているからです。またその時空では今の常識や科学ではあり得ない様々なことを一瞬にして可能にしています。

　このように今の常識や科学にないところでの変化は現状打破として未来に対する希望となります。現状維持は退歩です。まして現状劣化の現在、「今」を変えることは必須の事と言えます。

　今回の『宇城空手の極意「型」と気』ではさらに空手の深さ、真髄に触れました。

　不変の型として継承されていく型すなわち鋳型の型に魂を吹き込むことが大事であるからです。鋳型としての型は誰がやっても外面上は同じでなければなりません。そして型が使えるためには、それぞれの人に適した「形」にしなければなりません。型＋人間＝形です。

　この型がエネルギー源であることを実証するのが「気」の存在です。鋳型の型に気が入り込むと、その人は目に見えないエネルギーに包まれ、他との境界がなくなり、すべてと溶け合っていきます。ここに至るプロセスが不変の型から普遍の個の形へということになります。

　まさにここに調和・融合の型が存在します。それは、江戸時代の剣聖・剣豪が至った「戦わずして勝つ」の無刀の域への道が開けることを意味します。

意識、無意識、深層意識

　私たち人間は大きく分けて、①意識の部分、②無意識の部分、③深層意識の部分に分けられます【図15】。そして自分の行動の95％を創り出しているのは、②の無意識領域にあることが分かってきました。また本質の自分、すなわち「自我を超えた自己」は、③の深層意識領域にあることも分かっています。

　ところが今の教育は①の意識の世界にあり、実態は知識の詰め込みです。

　【図16】は私が展開している「気の実証」といろいろな角度からの科学的根拠と照らし合わせた時の「気が働きかける時間領域」を表わしています。

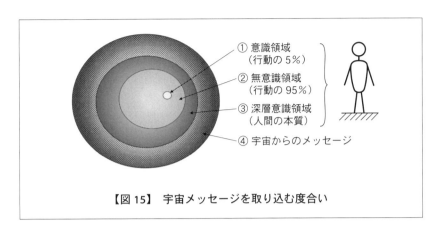

【図15】 宇宙メッセージを取り込む度合い

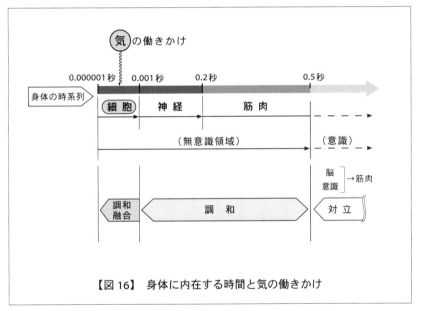

【図16】 身体に内在する時間と気の働きかけ

江戸時代の「勝ち」の三つの教え

　「打って勝つは 下の勝ちなり

　　勝って打つは 中の勝ちなり

　　打たずして勝つは 上の勝ちなり」

は、まさに「戦わずして勝つ」のステップアップです。

　この「戦わずして勝つ」の根源は「先を取る」にあります。「先を取る」とは「事の起こりを押さえる」という具体的な術技と実践です。この「先を取る」の本質が「気」です。「気」はまさしく無意識領域に働きかけるエネルギーで

あるからです。

　この江戸時代の無刀の根源「先を取る」の本質「気」と、今の科学の最先端である量子力学の「量子」と照らし合わせると、そこに「戦わずして勝つ」という平和への道が見えてきます。

　同時にその逆も見えてきます。それは人間の①意識、②無意識、③深層意識において、現在、①の意識領域が最優先されているため、②③の人間の本質部分の領域が遮断され、④の「宇宙

の創造物として人間はじめ森羅万象に与えられているはずの宇宙からのメッセージ」の領域まで広がらないからです【図15】。

このことは、今の常識では考えられないようなことが可能になる気の実証によって、逆に人間本来の潜在力が発揮されていない事実が見えてきたということです。

それは【図16】の気が働きかける時間領域の図からも分かります。

この時間領域が示しているのは、人間の感知できる身体の時間の違いです。意識や筋肉による感知は最も遅く、それは対立を生みます。人間の本来感知できる領域は、細胞に近づくほど速く、その領域の広がりの中に、「戦わずして勝つ」すなわち「寄り添う」という無意識の身心が存在し、そこに人間の潜在力という最大のエネルギーが存在しているということです。

その潜在力に気づき、それを発揮させるプロセスとメソッドが宇城空手のプログラムです。

この「意識領域（思考、知識）、無意識領域、深層意識領域」において、「何かをやる」という行動は意識領域の発動であり、脳からの意識によるものです。これに対し無意識領域における「何かをやる」は意識にのぼってきません。したがって相手に感知されることもありません。ですから無意識領域における「何もしない」という状態こそ「先を取る」境地となります。

この何もしないという状態への稽古法が「型」によるニュートラル化です。まさにニュートラル化は何もしない状態を作り上げていく稽古です。したがって仮想の敵や型をよく見せようとする欲、型における自分の癖などをすべて取り去ってくれます。

その事によって周りと調和できるようにな

り、さらにその融合する状態から、境界がない状態が生まれてきます。たとえば相手に手を握られても、こちらから相手に調和・融合すると、相手と自分が一体となり、意識状態にある相手は、自分側のニュートラルの状態に吸い込まれて無力化されていきます。

これが次のステップである、分解組手による「ゼロ化」の段階です。したがって

型による「ニュートラル化」
分解組手による「ゼロ化」

この二つの積み重ねから、気の発動への道が開かれると言えます。

これが宇城空手の最大の特徴です。

平和への道

紀元1000年頃の当時の日本人の思想が書かれている『闘戦経』という本を読むと、そこに「正々堂々」ということが基本にあることが分かります。

また江戸時代の剣聖・伊藤一刀斎の剣法書では、剣の極意は「真心」であると結んでいます。すなわち深層意識のことです。逆に、嘘やごまかしの心には深層意識のところで不安・怯えがあります。

現在私たちの意識領域は、この人間の本質である深層意識、すなわち人間の我欲と無意識下の「不安と怯え」に支配されているので、結果、対立、欲、争いへと連鎖していくのだと言えます。

調和こそが宇宙からのメッセージであり、幸福、平和への道だと思います。

かつて江戸時代の無刀の域に達した剣豪・

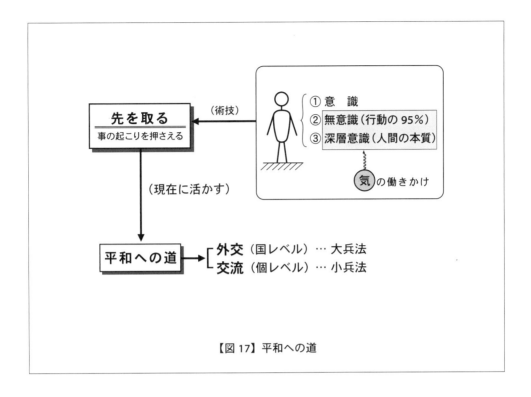

【図17】平和への道

剣聖の「先を取る」実践哲学と術は、個の「小兵法」であり、この「小兵法」をリーダーである殿様が庶民の幸せを築く「大兵法」として展開させたからこそ、江戸時代は260年以上も平和が続いたのだと言えます。

この日本の「戦わずして勝つ」哲学とそれを可能にする実践術は、世界を平和に導くものであり、まさに日本の誇れる素晴らしい文化だと思います。

一説にアインシュタインは娘に宛てた手紙で、
「この世界を支配している絶対不変の法則で、いまだ正式な説明がなされていないエネルギーがあり、それは、愛である」
とつづったとされています。すなわち愛こそが宇宙の最高のエネルギーであり、人を引き付け

る引力であり、この世界のすべてを含み、支配する力であると。さらに、アインシュタインは、地球という惑星の荒廃を食い止めるのも、このエネルギー（愛の爆弾）であると述べたと言われています。

まさにすべての対立・衝突を包み込み、調和・融合を生み出すものが「愛」であり、その調和・融合を創り出すプロセス・メソッドの稽古こそが宇城空手の原点です。

〈参考〉　気とは

宇城空手の「気」については、これまで数々の著書で触れておりますが、「気」の変化、進化にはとどまるところがありません。是非、既刊本はもちろんのこと、今後明らかにしていく「気」についての新刊を参考にしてください。

ここでは、宇城空手の「気」や「統一体」「呼吸」「重力」など、「気」を理解する上で必須の基本的な捉え方、考え方を、拙著『宇城憲治に学ぶ「気」とは』より抜粋編集して紹介します。

気はどこに働きかけるか

「気」というと大半の人が初めは半信半疑になりますが、実際「気」によって目の前の人や自分自身が変化する体験をすることで、それが確信に変わります。その確信こそ、自分を見つめ直すきっかけとなるのです。

では具体的に「気」はどこに働きかけているかと言うと、それは細胞です。実際、第三者が触れているとよく分かるのですが、「気」を通されると身体が一瞬にして強くなったり柔らかくなったりします。この変化は、現在の力の根源とされている筋肉レベルでは到底不可能であり、「気」が筋肉の前段階の細胞レベルに作用し、活性化させていると考えています。

統一体とは

統一体とは身体をバラバラに捉えそれらをまとめて一つとする部分体ではなく、最初から生命体として一つであると捉えるあり方です。今の身体やその動作のあり方は「要素還元主義」を主体としていますが、本来のあり方は、全体

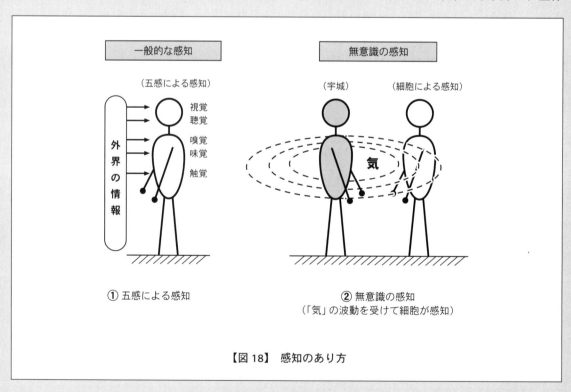

【図18】 感知のあり方

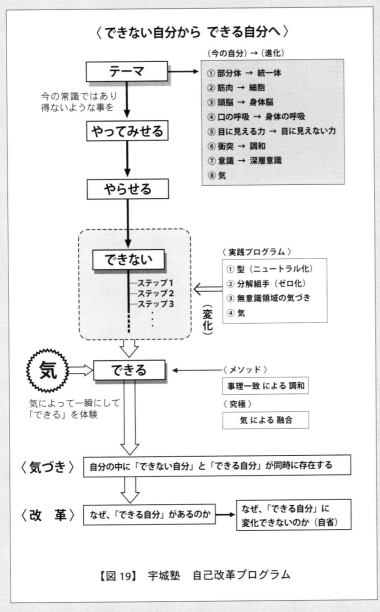

【図19】 宇城塾 自己改革プログラム

胞分裂を繰り返し、37兆個の細胞を持った個としての生命を得ます。受精卵はまさしくこれ以上分けようのない一つの生命であり、その受精卵から目や耳、口、手、足、内臓など人間にとって必要なものがお母さんの胎内でできていくわけです。ですから最初から一個体、一つとして捉えることは当然であるのです。

　この統一体としての捉え方とその統一体の力の発揮の根源にあるのが、まさに細胞の活性化です。【図19】のプログラムは細胞に働きかけるという「実証先にありき」から構成されています。

　今の常識は、心や身体すべてを部分体として捉えるのが現実となっています。部分体というあり方は人間の思考や身体をわざわざバラバラで捉えるあり方で、その典型は、筋力を使った、手なら手、足なら足と、部分を鍛える西洋式トレーニング方法や、要素還元主義に基づいて、すべてを部分分析する科学のあり方です。

　そうした部分体としての現在の生活様式や教育のあり方は、本来あるべき人間の力を発揮できなくさせる最大の要因となっています。せっかく何事も自然体で捉えていた子供たちが、その後の教育や環境で、頭や知識を優先するようになり、部分体化されてしまうのです。

的な立場、すなわち単なる部分の集合ではなく生命体として潜在力を秘め、かつ無意識領域にある独自のものを持つものです。さらに統一体とは身体のみでなく、心と身体が一致している状態にあることが数々の実証で明確となっています。

　人間は１ミリにも満たない１個の受精卵が細

まさに、その弊害は教育現場だけでなく、スポーツの現場でも同様で、強さ＝筋力＝鍛えるという分析型の身体論によって、ますます身体が部分体化されています。

こうした現状のあり方の解決方法が、部分体から統一体にすることにあるのですが、それにはまず、私たちが現在、身体も思考も部分体に陥ってしまっている現状に気づかなくてはなりません。そこで大事なことは、統一体にある人間力と、今の常識にある部分体とがいかに次元が違うか、その明確な差を体験するということです。

すなわち、今の常識としてある頭・意識を命令とした身体や筋力の使い方ではなく、心を発動源とした細胞を働かせる異次元の力を体験することで、人間本来の力を取り戻すきっかけを掴んでいくということです。

身体の呼吸とは

通常の一般的な呼吸は、口や鼻で吸って呼いての呼吸であり、これはもちろん、生命体にとっては大事な呼吸です。しかしそれだけでは、身体に気を流す状態、すなわち身体の呼吸ができている統一体の強い状態にはなりません。

私たちは何かをしようとする時、たいていの場合、「意識」すなわち思考が働きます。意識には一度に一つのことしかできない単一性という性質があって、それは一方で身体の居付きを生じさせます。この居付いた状態は、まさに「身体の呼吸が止まった状態」の典型です。

それはたとえば腕相撲で相手を倒そうと力を入れた瞬間に身体が固まるような状態を言います。このように呼吸が止まった状態では、身体に気が流れず、本来の力を発揮することができません。

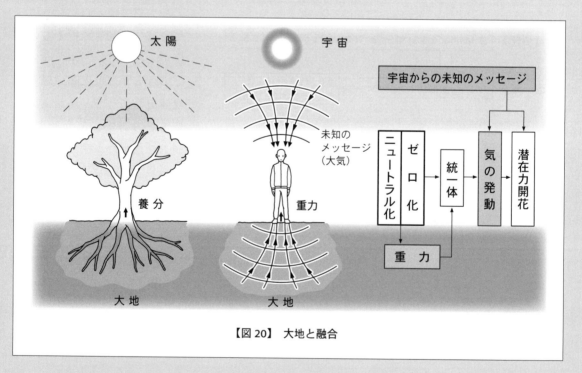

【図20】 大地と融合

気の流れが止まるとは、たとえば、電線を日本から地球の裏側まで引いたとします。スイッチを入れれば瞬時に地球の裏側でも電気がつきます。同じように水道ホースを引いて蛇口をひねったらどうでしょうか。蛇口をひねって水が反対側から出るまでに相当な時間がかかります。しかしこの水道ホースの中にすでに水が満たされていたら、瞬時に水は出てきます。

この、ホースに水が入っていない状態を、「身体の呼吸が止まっている状態」、逆に満たされている状態が「身体の呼吸ができている状態」すなわち、身体が気で満たされている状態ということです。

身体の呼吸が通っている状態と身体の呼吸が止まっている状態とではすべての活力のスピードが違ってきます。中に水が満たされていたら、すなわち「気」が満ちていれば、即「今」が変化します。しかしホースに水が入っていなければ活動に時間がかかり「今」が変わりません。それは個人的な事だけではなく、まさに社会現象としても同じことが言えます。

大地とつながる力「重力」を取り込む

様々な検証で顕著になるのが、統一体になると身体が重くなる、ということです。体重計で計った重さは一定であるにもかかわらず、後ろから抱きかかえると、先ほどまで軽々と持ち上がっていた人が、急に持ち上がらなくなるのです。この重さはどこから生じるのでしょうか。

まさしく、この重さこそが重力によって生じる力であり、その状態を「大地とつながる（力）」

すなわち、大地に融合する（力）という表現をしています。

植物は大地から養分をもらって成長していくように、本来人間も大地からのエネルギーを受けているはずです。それが重力だと考えます。重力の発生源は大地である地球であり、その地球とのつながりの度合いによって、重力の度合いも変化し、かつ重さも変化するということです。

重力を受けて身体が重くなり、持ち上がらない状態になると、重さが変化するだけでなく、ほかに様々な変化が出てきます。

寝た状態の人の腹に乗るとそれまで悲鳴を上げていたのに、今度は何ともないほど強くなっていたり、びくともしなかった相手を瞬時に投げられたり、叩いても痛がらないなど、明らかに身体が強くなり、また身体のスピードが上がるなどの変化が起きます。

なぜこのような力が生まれてくるのか。それは、重くなるということは、その人の体積は同じなので、結果身体の密度が増し、その分、身が締まり、それだけ身体に弾力と力が増すということになるからだと考えています。

このことから、今の常識とされていた、体重は一定であるという考えや、筋力トレーニングによって力をパワーアップするという考えとは、次元が違うことが分かります。

地球の重力を取り込むことができれば、すなわち大地と融合することができれば、今の常識にはないパワーや自在な動きやスピードやエネルギーの存在を再現できます。まさにそれを可能にするプロセスが型による「ニュートラル化」

と分解組手による「ゼロ化」です。

　まさに私たちが宇宙、地球とつながる力によって、すなわち自然と調和することによって武術にとって絶対条件の「先を取る」ことができ、今の常識では考えられない力が発揮できることを実証しているのです。

質の悪い力と質の良い力

　力には大きく分けて意識の力（頭の命令による筋力からくる力）と無意識の力（心の発動による細胞からくる力）があります。

　さらにこの意識からくる力には二つあります。一つが、単なる筋肉の力と、もう一つが居付いて固まっている力です。

　よく本来の「力」と勘違いしがちなのが、この後者の「居付いて固まってしまう」力のことで、私はこの力を「質の悪い力」と呼んでいます。

　この「質の悪い力」については腕相撲を例に説明すると分かりやすいのですが、たとえば、普通の想定ではあり得ない1対5人の腕相撲をする際に、押さえる5人の側の力において、先ほどの二つの力があります。

　一つは、本気で強く押さえる力であり、もう一つは、あえて「絶対押さえ込んでやるという意識」をもって強く押さえる居付いた力です。

　後者の力は、意識を一点に集中した、言わば「何がなんでも押さえつける」といった押さえ方ですが、この押さえ方は、実は「閉じた力」になっています。すなわち自分本位の、閉じた状態の力となっているのです。この「閉じた力」というのは身体の呼吸を止めてしまいます。木にたとえれば、「枯れ枝」に似た状態です。したがってある限界点を超えると柔軟性がないために簡単に折れてしまうという、危険な状態の力でもあるのです。

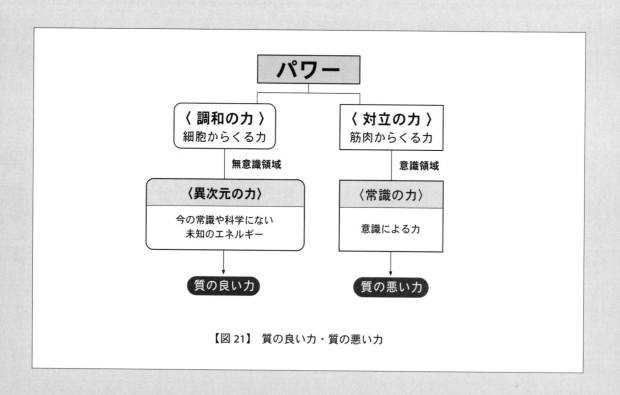

【図21】　質の良い力・質の悪い力

また、この状態の力は、すなわち居付きの力は部分体として一ヵ所に集中しているので、見かけは非常に強いように見えますが、実はこの力で押している5人を第三者が横から押すと、簡単に崩れてしまいます。それほど弱い状態にあるのです。5人の中に1人でもそういう「閉じた力」の状態の人がいれば全体も弱くなります。武術で言えば、隙だらけの状態であり、まさに自ら危険な状態に陥り、また陥らせていることに気づかねばなりません。

この「質の悪い力」に対し、「質の良い力」があります。あえて言えば「調和する力」です。

先ほどの腕相撲の例で言えば、5人が居付きのない力で本気で押さえてきたのに対し、通常の力では絶対引っくり返すことはできませんが、細胞の力を使う統一体になると、5人を引っくり返すことができます。

統一体は調和の力でもあるので、5人を包み込むことによって相手の力がこちらに調和・融合され無力化されるからです。したがって5人でも10人でも20人でも、数に関係なく同じことができます。

またこの時の5人を第三者が横から押しても、今度はびくともしません。5人が引っくり返されながらも同時に強くなっている、それは調和力によって全体が守られるからです。この守る、守られる力を「質の良い力」と呼んでいます。武術の力のあり方は、統一体からくるエネルギー力でなければなりません。

この「質の悪い力」と「質の良い力」の差の根源にあるのが「時間」です。それは筋肉の時間とは桁違いの速さを持つ細胞の時間との差からくるものです。時間はすべての根源です。す

なわち時間＝命とも言えます。

個の時間は卵子と精子の結合の瞬間、すなわち受精卵の時点からスタートします。その受精卵は自動的に、しかもドミノ式に細胞分裂を始め、お母さんのお腹で完成されていきます。誰か設計者がいて、設計図通りに部品が組み立てられて完成する自動車や飛行機などとはわけが違って、人間誕生のプロセスは神秘そのものです。したがって生命体の持つ時間と調和・融合することができれば、先ほどのような腕相撲も可能になるわけです。

今の常識としてある力は対立・衝突の力です。対立しているから大勢のほうが強いとか、女性より男性が、子供より大人が強いということが常識となるのです。決して、調和・融合の力が新しい概念なのではなく、むしろ対立・衝突のほうが私たちが勝手に作り出した力なのであって、人間本来の力ではないということです。

より拡張して考えると、調和・融合は平和の力であり、対立・衝突の力は争い、戦争の力です。だからこそ、元々備わっている人間本来の力を取り戻すことが大切なのであり、またそれが平和すなわち幸せへの道につながっていくのです。ここに、現在において「何のために空手をするのか」の意味があり、その実践が宇城空手にあります。

プロフィール

宇城 憲治　うしろ けんじ

1949年 宮崎県小林市生まれ。
エレクトロニクス分野の技術者として、ビデオ機器はじめ衛星携帯電話などの電源や数々の新技術開発に携わり、数多くの特許を取得。また、経営者としても国内外のビジネス界第一線で活躍。一方で、厳しい武術修業に専念し、まさに文武両道の日々を送る。
現在は徹底した文武両道の生き様と武術の究極「気」によって人々の潜在力を開発する指導に専念。空手実践塾、宇城道塾、教師塾、各企業・学校講演、プロ・アマ スポーツ塾などで、「学ぶ・教える」から「気づく・気づかせる」の指導を展開中。著書・DVD多数。

㈱UK実践塾 代表取締役
宇城塾総本部道場 創心館館長
潜在能力開発研究所 所長

創心館空手道 範士九段
全剣連居合道 教士七段（無双直伝英信流）

座波 仁吉　ざは にきち

1914（大正3）年〜2009年。沖縄古伝空手小林流の流れをくむ空手を、父、及び流祖知花朝信の高弟であった兄の座波次郎に学ぶ。1951年宮崎大学空手部師範となる。1973年より心道流空手道心道会と名を改め、武道としての空手の存続に尽力した。心道流空手道宗家。

榎本 麻子　えのもと あさこ

1975年 大阪府高槻市生まれ。
4歳より父、宇城憲治に空手を学ぶ。20代より師範代として、空手実践塾で指導。本部道場の子供空手塾、各空手実践塾のほか、海外セミナーでも指導にあたる。

創心館空手道 師範
子供潜在能力開発研究所 主幹
創心館空手道 教士七段

宇城 拓治　うしろ たくじ

1981年 大阪府高槻市生まれ。
4歳より父、宇城憲治に空手を学ぶ。20代より師範代として、空手実践塾で指導。空手実践塾東海支部の指導にあたる。

創心館空手道 師範
創心館空手道 錬士六段

空手実践塾

空手実践塾では、日本国内、海外で定期的に稽古が行なわれています。
現在、入塾は、宇城道塾生に限られています。詳しくは、宇城道塾事務局か、UK実践塾までお問い合わせください。

〈日本〉東京、大阪、長野、福岡、福島、大分、東海
〈海外〉（アメリカ）シアトル、ニューヨーク
　　　　（ヨーロッパ）ドイツ、イタリア、ハンガリー、
　　　　　　　　　　　ポーランド

UK実践塾ホームページ
http://www.uk-jj.com

宇城道塾

東京・大阪・仙台・名古屋・岡山・熊本で開催。
随時入塾を受け付けています。

宇城道塾ホームページ
http://www.dou-shuppan.com/dou
事務局　TEL: 042-766-1117
Email: do-juku@dou-shuppan.com

宇城空手の極意「型」と気　──潜在力を引き出し、エネルギーを生み出す──

2024年6月17日　初版第1刷発行
著　者　宇城憲治

定　価　本体価格2800円
発行者　渕上郁子

発行所　どう出版
〒252-0313
神奈川県相模原市南区松が枝町14-17-103
電話　042-748-2423（販売）／042-748-1240（編集）
ホームページ　www.dou-shuppan.com
印刷所　株式会社アルキャスト

武術の実践哲学　宇城空手

流儀・会派を超えた武術空手としての本質を、実践をベースに解説。本来の武術とは何か、身体脳、呼吸力、ゼロ化、師とは、修業とは等々、空手家にとどまらず、すべての武術修業者にとっての必読書。

A5判上製　284頁　本体2800円

空手談義　型は美しく技は心で　―座波仁吉・宇城憲治―　座談録

1993年から2002年の約10年間に行なわれた座談録。初回は座波師78歳、宇城氏44歳、最後の座談会では座波師88歳、宇城氏53歳。その時々の空手への熱い思いを縦横に語り合った、貴重な座談録。

A5判上製　口絵16頁／本文184頁　本体2200円

宇城空手の真髄と継承（一）共に未来へ　―親愛なる塾生たちへ―

進化・深化し続ける創心館館長　宇城憲治氏と、氏に4歳から学ぶ創心館師範　榎本麻子氏が「ゼロ化体得への道筋」を著わす。型や分解組手を通して、その真髄をいかに身体に刻み自分の変化につなげるか。

A5判上製　176頁　本体2100円

新版 空手と気　―気の根源・思考の深さ―

【第一部】は、従来の武道界や一般に捉えられている気とはまったく異なる、武術の究極から引き出される人間のエネルギーの根源「気」を解説。【第二部】は宇城氏の生き様を凝集した語録・写真集。

A5判並製　240頁　本体2000円

人間と宇宙と気　未来を先取りする知恵とエネルギー

宇城憲治氏の「気」の真実とその理論を体系化。【QRコード実証動画つき】
氏が展開する人間の潜在力を引き出す気の実態とその活用とは。

A5判並製　174頁　本体2800円

宇城憲治が自在にする「気」とは何か ──その実体に迫る

重さが変わり、強さが増し、集団を自由自在に動かす── 宇城憲治氏の「気」によって実現する、常識ではあり得ない事象の数々を、「気」の事象の体験を重ねてきた二人の弟子との対話により紐解いていく。

A5判並製　154頁　本体1600円

すべての人に気は満ちている　なぜ、宇城憲治は「気」を自在にするまでに至ったか

「気」による指導を展開する宇城憲治氏に、元ニュースキャスターの野中ともよ氏が「気とは何か」を詳細に掘り下げていく。瞬時に相手に変化を与えるそのエネルギーの源とは、一体何なのか？

四六判並製　224頁　本体1600円

宇城憲治語録・写真集 　（一）一人革命 　（二）稽古照今

技術、経営、空手、居合 ── すべてにおいて妥協なく取り組んできた身体と魂から湧き出るメッセージ。
真の教育者・指導者として常に進歩・成長している実践者の言葉は、生きる原動力となる。

四六判上製　１４４頁　各 本体 1400 円

［DVD］ サンチン（全3巻）

世界に誇る日本の宇城空手・サンチンの型とその分解組手、応用組手を宇城師範監修のもと詳しく紹介。
また、武術における絶対条件とも言える世界が再現、実践されている他、さらにその先にある武術の究
極「気」の世界も実践収録。

【上巻】型　サンチン／宇城師範による型（正面／斜め上方より）／型の補足解説（姿勢／呼吸）／型
の基本分解組手／型の応用分解組手（型から形へ）／型の検証及び気　（収録時間 85 分）

【中巻】第一章　基本編　身体に気を通す／第二章　解説編　内面の変化による様々な術技／第三章
実践編　「入る」ということ（2枚組 収録時間 計 78 分）

【下巻】プロローグ「戦わずして勝つ」／型の稽古　己の癖を知るべし／無力化／気の連鎖　気が映る
ということ／活人拳／剣の理合・気　間と無力化の関係／気を伴った組手　入る／ほか（収録時間 59 分）

各 本体 6000 円

［DVD］ 宇城空手（全3巻）

相手に入る、相手をゼロ化する、相手と調和する、間を制する、二の手を封じる、剣の心を持つ、組手
を自在にこなす──宇城憲治氏が体現する武術の絶対条件の映像化！

【第1巻】解説・演武　宇城憲治「武術の絶対条件」／間（時空）を制する／鞘の内に制す／心から技
を出す／スポーツ空手と武術空手の違い／［特別編］コロラド合気道合宿　（収録時間 65 分）

【第2巻】解説・演武　宇城憲治「武術の先とは」／内面の攻撃とは／我（欲）を捨てる／身体で考え
る／型から技を引き出す／受けに攻撃を同居させる／サンチンの分解を例に／蹴りを例に／木刀での
実演解説／［特別編］武術空手への転換　数見道場稽古　（収録時間　70 分）

【第3巻】中心を消す／稽古法の革命 ─気の指導法─／気の妙技／剣・杖による組手／力か技かの検
証／思考の深さ ─気─／［特別編］小太刀による竹斬り　（収録時間　90 分）

各 本体 6000 円

［DVD］ 人間の潜在能力・気（全2巻）

一瞬にして不可が可となる事象を自身のみでなく、他人に体験させることができる宇城氏の革命的気の
指導法。その衝撃的な体験はいやおうなしに人間の潜在能力を引き出していく。それは、希望、勇気に
向かうエネルギーとなり、肚をつくり、心を取り戻す源泉となる。従来の「気」の概念を根本的に覆す
宇城氏の気の世界を徹底検証。

【第1巻】事象1　日本の躾や型に見られる気の流れ／事象2　重さが変わる／事象3　引力ができる／
事象4　中心の存在とその使い方／事象5　内面のスピードとその使い方／［特別編］宇城憲治の生き
様 ─気に至るプロセス─　（収録時間 84 分）

【第2巻】事象6　身体が変化する／事象7　身体が強くなる／事象8　怖さが消える／事象9　スピード
が速くなる／事象10　気で制する／［特別編］身体に気を流す呼吸法　（収録時間 115 分）

各 本体 6000 円